Die schönsten Liebesgedichte

SERIE PIPER

Zu diesem Buch

»Ganz war mein Herz an deiner Seite, Und jeder Atemzug für dich« – wer kennt sie nicht, die schönsten Liebesgedichte, die uns so oft aus dem Herzen sprechen? Liebesgedichte fesseln, weil sie ungeschminkt die Höhen und Tiefen der Liebe durchmessen, Glück spiegeln und Trost spenden. Vom Mittelalter bis heute erzählen Lyrikerinnen und Poeten in dieser Anthologie von Liebesrausch und Trennungsschmerz, geglückten Flirts und verpaßten Chancen – facettenreich wie die Liebe selbst. Von Walther von der Vogelweide über Johann Wolfgang von Goethe und Clemens Brentano bis zu Friedrich Hölderlin, Rainer Maria Rilke, Ingeborg Bachmann und vielen anderen.

Michaela Kenklies, geboren 1971 in München, studierte Geschichte, Germanistik und Philosophie und arbeitet heute als Verlagslektorin und Herausgeberin in ihrer Heimatstadt.

Die schönsten Liebesgedichte

Herausgegeben von
Michaela Kenklies

Piper München Zürich

Von Michaela Kenklies herausgegeben, liegen in der Serie Piper vor:
Gute-Nacht-Geschichten für Frauen, die nicht einschlafen wollen (3618)
Ferien für freche Frauen (3919)
Gute-Nacht-Geschichten für zwei, die nicht einschlafen wollen (4173)
Die schönsten Geschichten für alle, die Bücher lieben (4197)
Die schönsten Liebesgedichte (4274, 4703)
Gute-Nacht-Geschichten für freche Frauen (6170)

Taschenbuchsonderausgabe
Mai 2006
© für diese Ausgabe:
2004 Piper Verlag GmbH, München
Umschlagkonzept: Büro Hamburg
Umschlaggestaltung: Cornelia Niere, München
Foto Umschlagvorderseite: Mauritius/Superstock
Papier: Munken Print von Arctic Paper Munkedals AB, Schweden
Gesamtherstellung: Clausen & Bosse, Leck
Printed in Germany
ISBN-13: 978-3-492-24703-0
ISBN-10: 3-492-24703-2

www.piper.de

ANONYM

Dû bist mîn

›Dû bist mîn, ich bin dîn:
des solt dû gewis sîn.
dû bist beslozzen
in mînem herzen:
verlorn ist daz slüzzelîn:
dû muost immer drinne sîn.‹

›Du bist mein, ich bin dein:
dessen sollst du gewiß sein.
Du bist verschlossen
in meinem Herzen:
verloren ist das Schlüsselein:
du mußt für immer drinnen sein.‹

DIETMAR VON EIST
(1139–1171)

Slâfst du, friedel ziere

»Slâfst du, friedel ziere?
man weckt uns leider schiere:
ein vogellîn sô wol getân
daz ist der linden an daz zwî gegân.«

»Ich was vil sanfte entslâfen:
nu rüefstu kint wâfen.
liep âne leit mac niht gesîn.
swaz du gebiutst, daz leiste ich, friundin mîn.«

Diu frouwe begunde weinen.
»du rîtst und lâst mich eine.
wenne wilt du wider her zuo mir?
owê du füerst mîn fröide sament dir!«

WALTHER VON DER VOGELWEIDE
(1170–1230)

Nemt, frowe, disen kranz

›Nemt, frowe, disen kranz‹:
alsô sprach ich zeiner wol getânen maget:
›so zieret ir den tanz,
mit den schœnen bluomen, als irs ûffe traget.
het ich vil edele gesteine,
daz müest ûf iur houbet,
obe ir mirs geloubet.
sêt mîne triuwe, daz ichz meine.

Ir sît sô wol getân,
daz ich iu mîn schapel gerne geben wil,
so ichz aller beste hân.
wîzer unde rôter bluomen weiz ich vil:
die stênt niht verre in jener heide.
dâ si schône entspringent
und die vogele singent,
dâ suln wir si brechen beide.‹

Si nam daz ich ir bôt,
einem kinde vil gelîch daz êre hât.
ir wangen wurden rôt,
same diu rôse, dâ si bî der liljen stât.
do erschampten sich ir liehten ougen:
doch neic si mir schône.
daz wart mir ze lône:
wirt mirs iht mêr, daz trage ich tougen.

Under der linden

›Under der linden
an der heide,
dâ unser zweier bette was,
dâ mugt ir vinden
schône beide
gebrochen bluomen unde gras.
vor dem walde in einem tal,
tandaradei,
schône sanc diu nahtegal.

Ich kam gegangen
zuo der ouwe:
dô was mîn friedel komen ê.
dâ wart ich enpfangen,
hêre frouwe,
daz ich bin sælic iemer mê.
kuster mich? wol tûsentstunt:
tandaradei,
seht wie rôt mir ist der munt.

Dô het er gemachet
alsô rîche
von bluomen eine bettestat.
des wirt noch gelachet
inneclîche,
kumt iemen an daz selbe pfat.
bî den rôsen er wol mac,
tandaradei,
merken wâ mirz houbet lac.

WOLFRAM VON ESCHENBACH
(1170–1220)

Ursprinc bluomen, loup ûz dringen

Ursprinc bluomen, loup ûz dringen
und der luft des meigen urbort vogel ir alten dôn:
etswenn ich kann niuwez' singen,
sô der rîfe ligt, guot wîp, noch allez ân dîn lôn.
die waltsinger und ir sanc
nâch halben sumers teile in niemens ôre enklanc.

Der bliclîchen bluomen glesten
sol des touwes anehanc erliutern, swâ si sint:
vogel die hellen und die besten,
al des meigen zît si wegent mit gesange ir kint.
dô slief niht diu nahtegal:
nu wache abr ich und singe ûf berge und in dem tal.

Mîn sanc wil genâde suochen
an dich, güetlich wîp: nu hilf, sît helfe ist worden nôt.
dîn lôn dienstes sol geruochen,
daz ich iemer biute und biute unz an mînen tôt.
lâz mich von dir nemen den trôst,
daz ich ûz mînen langen clagen werde erlôst.

Guot wîp, mac mîn dienst ervinden,
ob dîn helfelîch gebot mich fröiden welle wern,
daz mîn trûren müeze swinden
und ein liebez ende an dir bejagen mîn langez gern?
dîn güetlich gelâz mich twanc,
daz ich dir beide singe al kurz oder wiltu lanc.

Werdez wîp, dîn süeziu güete
und dîn minneclîcher zorn hât mir vil vröide erwert.
maht du trœsten mîn gemüete?
wan ein helfelîchez wort von dir mich sanfte ernert.
mache wendic mir mîn clagen,
sô daz ich werde grôz gemuot bî mînen tagen.

MARTIN OPITZ
(1597–1639)

Liedt
im thon: Ma belle je vous pril

Ach Liebste laß vns eilen
Es schadet das verweilen
Der schönen Schönheit gaben
Daß alles / was wir haben /
Der Wangen zier verbleichet /
Der äuglein fewer weichet /
Das Mündlein von Corallen
Die Händ / alß Schnee verfallen /
Drumb laß vns jetz geniessen
Eh dann wir folgen müssen
Wo du dich selber liebest /
Gib mir / daß / wann du gibest /

Wir haben Zeit:
Vns beider seit.
Fliehn fuß für fuß
Verschwinden muß /
Das Haar wird greiß /
Die flamm wird Eiß.
Wird vngestallt.
Vnd du wirst Alt.
Der Jugent frucht /
Der Jahre flucht.
So liebe mich /
Verlier auch ich.

FRIEDRICH VON LOGAU
(1604–1655)

Wie willst du weiße Lilien

Wie willst du weiße Lilien
Zu roten Rosen machen?
Küß eine weiße Galatee:
Sie wird errötend lachen.

SIMON DACH
(1605–1653)

Annchen von Tharau

Annchen von Tharau ist, die mir gefällt;
Sie ist mein Leben, mein Gut und mein Geld.

Annchen von Tharau hat wieder ihr Herz
Auf mich gerichtet in Lieb' und in Schmerz.

Annchen von Tharau, mein Reichtum, mein Gut,
Du meine Seele, mein Fleisch und mein Blut!

Käm' alles Wetter gleich auf uns zu schlahn,
Wir sind gesinnet bei einander zu stahn.

Krankheit, Verfolgung, Betrübniß und Pein
Soll unsrer Liebe Verknotigung seyn.

Recht als ein Palmenbaum über sich steigt,
Je mehr ihn Hagel und Regen anficht;

So wird die Lieb' in uns mächtig und groß
Durch Kreuz, durch Leiden, durch allerlei Noth.

Würdest du gleich einmal von mir getrennt,
Lebtest, da wo man die Sonne kaum kennt;

Ich will dir folgen durch Wälder, durch Meer,
Durch Eis, durch Eisen, durch feindliches Heer.

Annchen von Tharau, mein Licht, meine Sonn,
Mein Leben schließ' ich um deines herum.

Was ich gebiete, wird von dir gethan,
Was ich verbiete, das läst du mir stahn.

Was hat die Liebe doch für ein Bestand,
Wo nicht Ein Herz ist, Ein Mund, Eine Hand?

Wo man sich peiniget, zanket und schlägt,
Und gleich den Hunden und Kazen beträgt?

Annchen von Tharau, das wolln wir nicht thun;
Du bist mein Täubchen, mein Schäfchen, mein Huhn.

Was ich begehre, ist lieb dir und gut;
Ich laß den Rock dir, du läßt mir den Hut!

Dies ist uns Annchen die süßeste Ruh.
Ein Leib und Seele wird aus Ich und Du.

Dies macht das Leben zum himmlischen Reich,
Durch Zanken wird es der Hölle gleich.

Multa meum gaudia pectus agunt

Was ist zu erreichen
hie in dieser Zeit,
das sich möchte gleichen
meiner Fröhlichkeit,
nun ich mein Verlangen
kühnlich mag umfangen
und mit meines Lebens Zier
einen Reihen führ?

Aller Pracht auf Erden
ist nur Rauch und Wind
neben den Geberden,
die du trägst, mein Kind.
Nicht die güldne Sonne
macht mir solche Wonne,
solchen Glanz befind ich nicht
an des Mondes Licht.

Hier in diesen Armen,
in dem Freudensaal,
hoff ich zu erwarmen
tausend-, tausendmal;
hier in diesem Herzen
end ich meine Schmerzen,
diese Brust soll meiner Pein
Niederlage sein.

Mit den schönen Händen,
welche Marmor ziert,
will sie mir verpfänden
alles, was sie führt;
auf dem süßen Munde
soll ich manche Stunde
künftig weiden meinen Geist,
der sich mir entreißt.

Liebste, laß uns leben!
Sei mein Trost in Not!
Ich will dir mich geben
auch bis in den Tod.
Fleuch, das rechte Lieben
länger aufzuschieben!
Fort! hab ich doch Recht dazu,
was ich mit dir tu!

Mai-Liedchen
Festinetur Hymen dum vernas flore iuventae

Komm, Dorinde, laß uns eilen,
nimm der Zeiten Güt in acht!
Angesehen, daß Verweilen
selten großen Nutz gebracht,
aber weislich fortgesetzt,
hat so manches Paar ergetzt.

Wir sind in den Frühlingsjahren,
laß uns die Gelegenheit
vorn ergreifen bei den Haaren,
sehn auf diese Maienzeit,
da sich Himmel, See und Land
knüpfen in ein Heiratband.

Wenn sich die Natur verjünget,
liegt in Liebe krank und wund,
alles sich zu nehmen zwinget,
tut sie frei dem Menschen kund:
Daß sich Er, die kleine Welt,
billig nach der großen hält.

Still zu sein von Feld und Büschen,
von dem leichten Heer der Luft,
da sich jedes will vermischen,
jedes seinesgleichen ruft,
hört man in den Wäldern nicht,
wie sich Baum und Baum bespricht?

An den Birken, an den Linden
und den Eichen nimmt man wahr,
wie sich Äst in Äste binden,
alles machet offenbar
durch das Rauschen, so es übt,
daß es sei, wie wir, verliebt.

Lust betrübt, die man verscheubet.
Dieser Eifer, dieser Brand,
diese Jugend, so uns treibet,
hat nicht ewig den Bestand,
zeigt sich wind- und vogelleicht,
ist geflügelt, kömmt und weicht.

PAUL FLEMING
(1609–1640)

Als Er Sie schlafend funde.

Hier liegt das schöne Kind / in ihrer süssen Ruh /
Sie bläst die schöne Lufft / von welcher ich mich quähle
biß an die Seele selbst / durch ihre süße Kehle;
Hier liegt das schöne Kind / und hat die Augen zu.
Streu Rosen ümm Sie her / du sanffter Zefyr du /
mit Nelcken untermengt / daß ihr Geruch vermähle
mit ihrem Ahtem sich / dieweil ich leise stehle
so manchen Kuß von Jhr. Silenus sprich kein Muh!
St! Satyr / weg / Sylvan! geht weit von diesem Bache
daß meine Seele nicht von eurer Stimm' erwache.
Klitzscht in die Hände nicht / ihr schlipfrigen Napeen.
Schlaf / Schatz ich hüte dein. Schlaf / biß du selbst erwachest /
So wirst du wachend thun / was du im Schlafe machest.
Mir auch träumt itzt mit dir / als solt ich vor dir stehn.

An die Nacht, als er bei ihr wachete

Wie aber eilst du so, du meiner Schmerzen Rast?
Deucht michs doch, daß ich kaum auf eine Viertelstunde
allhier gesessen bin bei diesem Rosenmunde,
der meinen machet blaß; so merk ich, daß du fast

dich an die Hälfte schon von uns entzogen hast.
Kehr um und halte Fuß und gib uns Zeit zum Bunde,
den wir hier richten auf von ganzem Herzengrunde,
kehr um und sei bei uns ein nicht so kurzer Gast.

Dein Sohn, der sanfte Schlaf, schleicht durch das stille Haus
und streut die leise Saat der Träume häufig aus,
damit du länger kannst bei unsrer Lust verweilen.

Verhüll uns in ein Tuch, bis daß das dunkle Licht
des halben Morgens dir durch deine Kleider bricht,
denn es ist Zeit, daß wir mit dir von hinnen eilen.

Wie er wolle geküsset sein

Nirgends hin als auf den Mund:
da sinkts in des Herzen Grund;
nicht zu frei, nicht zu gezwungen,
nicht mit gar zu fauler Zungen.

Nicht zu wenig, nicht zu viel:
beides wird sonst Kinderspiel.
Nicht zu laut und nicht zu leise:
bei der Maß ist rechte Weise.

Nicht zu nahe, nicht zu weit:
dies macht Kummer, jenes Leid.
Nicht zu trucken, nicht zu feuchte,
wie Adonis Venus reichte.

Nicht zu harte, nicht zu weich,
bald zugleich, bald nicht zugleich.
Nicht zu langsam, nicht zu schnelle,
nicht ohn Unterscheid der Stelle.

Halb gebissen, halb gehaucht,
halb die Lippen eingetaucht,
nicht ohn Unterscheid der Zeiten,
mehr alleine denn bei Leuten.

Küsse nun ein jedermann,
wie er weiß, will, soll und kann!
Ich nur und die Liebste wissen,
wie wir uns recht sollen küssen.

ANDREAS GRYPHIUS
(1616–1664)

An Eugenien

Ich finde mich allein und leb in Einsamkeit,
ob ich schon nicht versteckt in ungeheure Wüsten,
in welchen Tigertier und wilde Vögel nisten.
Ich finde mich allein, vertieft in herbes Leid;
auch mitten unter Volk, das ob der neuen Zeit
des Friedens sich ergetzt in jauchzenvollen Lüsten,
find ich mich doch allein. Wir, die einander küßten
in unverfälschter Gunst, sind leider nur zu weit.
Ich finde mich allein und einsam und betrübet,
weil sie so fern von mir, mein Alles und mein Ich,
ohn die mir auf dem Kreis der Erden nichts beliebet.
Doch tritt ihr wertes Bild mir stündlich vor Gesichte.
Sollt' ich denn einsam sein? Ihr Bild begleitet mich.
Was kann sie, wenn ihr Bild mein Trauren macht zunichte!

CHRISTIAN HOFMANN VON
HOFMANNSWALDAU
(1617–1679)

Die Wollust

Die Wollust bleibet doch der Zucker dieser Zeit,
was kann uns mehr denn sie den Lebenslauf versüßen?
Sie lässet trinkbar Gold in unsre Kehle fließen
und öffnet uns den Schatz beperlter Lieblichkeit,
in Tuberosen kann sie Schnee und Eis verkehren
und durch das ganze Jahr die Frühlingszeit gewähren.

Es schaut uns die Natur als rechte Kinder an,
sie schenkt uns ungespart den Reichtum ihrer Brüste,
sie öffnet einen Saal voll zimmetreicher Lüste,
wo aus der Menschen Wunsch Erfüllung quellen kann.
Sie legt als Mutter uns die Wollust in die Armen
und läßt durch Lieb und Wein den kalten Geist erwarmen.

Nur das Gesetze will allzu tyrannisch sein,
es zeiget jederzeit ein widriges Gesichte,
es macht des Menschen Lust und Freiheit ganz zunichte
und flößt für süßen Most uns Wermuttropfen ein;
es untersteht sich, uns die Augen zu verbinden
und alle Lieblichkeit aus unser Hand zu winden.

Die Ros entblößet nicht vergebens ihre Pracht,
Jesmin will nicht umsonst uns in die Augen lachen,
sie wollen unser Lust sich dienst- und zinsbar machen.
Der ist sein eigen Feind, der sich zu plagen tracht;
wer vor die Schwanenbrust ihm Dornen will erwählen,
dem muß es an Verstand und reinen Sinnen fehlen.

Was nutzet endlich uns doch Jugend, Kraft und Mut,
wenn man den Kern der Welt nicht reichlich will genüßen
und dessen Zuckerstrom läßt unbeschifft verschüßen.
Die Wollust bleibet doch der Menschen höchstes Gut,
wer hier zu Segel geht, dem wehet das Gelücke
und ist verschwenderisch mit seinem Liebesblicke.

Wer Epikuren nicht für seinen Lehrer hält,
der hat den Weltgeschmack und allen Witz verloren,
es hat ihr die Natur als Stiefsohn ihn erkoren,
er muß ein Unmensch sein und Scheusal dieser Welt.
Der meisten Lehrer Wahn erregte Zwang und Schmerzen,
was Epikur gelehrt, das kitzelt noch die Herzen.

Beschreibung vollkommener Schönheit

Ein Haar, so kühnlich Trotz der Berenike spricht,
Ein Mund, der Rosen führt und Perlen in sich heget,
Ein Zünglein, so ein Gift vor tausend Herzen träget,
Zwo Brüste, wo Rubin durch Alabaster bricht,

Ein Hals, der Schwanenschnee weit, weit zurücke sticht,
Zwei Wangen, wo die Pracht der Flora sich beweget,
Ein Blick, der Blitze führt und Männer niederleget,
Zwei Arme, deren Kraft oft Leuen hingericht't,

Ein Herz, aus welchem nichts als mein Verderben quillet,
Ein Wort, so himmlisch ist und mich verdammen kann,
Zwei Hände, derer Grimm mich in den Bann getan

Und durch ein süßes Gift die Seele selbst umhüllet,
Ein Zierat, wie es scheint, im Paradies gemacht,
Hat mich um meinen Witz und meine Freiheit bracht.

ANGELUS SILESIUS
(1624–1677)

Je liebender, je seliger

Das Maß der Seligkeit mißt dir die Liebe ein;
je völler du von Lieb, je selger wirst du sein

JOHANN CHRISTIAN GÜNTHER
(1695 – 1723)

Das Feld der Lüste

Eröffne mir das Feld der Lüste,
Entschleuß die wollustschwangre Schoß,
Gib mir die schönen Lenden bloß,
Bis sich des Mondes Neid entrüste!
Der Nacht ist unsrer Lust bequem,
Die Sterne schimmern angenehm
Und buhlen uns nur zum Exempel.
Drum gib mir der Verliebten Kost,
Ich schenke dir der Wollust Most
Zum Opfer in der Keuschheit Tempel.

FRIEDRICH VON HAGEDORN
(1708–1754)

Die Küsse

Als sich aus Eigennutz Elisse
Dem muntern Coridon ergab,
Nahm sie für einen ihrer Küsse
Ihm anfangs dreißig Schäfchen ab.

Am andern Tag erschien die Stunde,
Daß er den Tausch viel besser traf.
Sein Mund gewann von ihrem Munde
Schon dreißig Küsse für ein Schaf.

Der dritte Tag war zu beneiden:
Da gab die milde Schäferin
Um einen neuen Kuß mit Freuden
Ihm alle Schafe wieder hin.

Allein am vierten ging's betrübter,
Indem sie Herd' und Hund verhieß
Für einen Kuß, den ihr Geliebter
Umsonst an Doris überließ.

Die erste Liebe

O wie viel Leben, wie viel Zeit
Hab ich, als kaum beseelt, verloren,
Eh mich die Gunst der Zärtlichkeit
Begeistert und für sich erkoren!
Nun mich dein süßer Kuß erfreut,
O nun belebt sich meine Zeit!
Nun bin ich erst geboren!

JOHANN ELIAS SCHLEGEL
(1719–1749)

Liebe im Herzen

Eine Glut, die ich nicht kannte,
Taten meine Lippen kund:
Und obgleich das Herz nicht brannte,
Brannte doch der leichte Mund.

Aber die verlachte Liebe,
Der dies Scherzen nicht gefiel,
Unterbrach die falschen Triebe
Und dies lügenhafte Spiel.

Sie gebot dem Munde Schweigen,
Und dem Herzen gab sie Glut.
Wahre Flammen wollt' ich zeigen:
Aber da gebrach der Mut.

Wozu sollt der Mund nun taugen?
Meine Sprach' ist zitternsvoll
Und entfliehet in die Augen,
Wenn die Zunge reden soll.

An Doris

Mein Herz entschließt sich nimmermehr,
Zu deinem Willen ja zu sprechen.
Fällt dir der Liebe Joch zu schwer:
So magst du es für dich zerbrechen.
Brich nur dieß harte Joch entzwey.
Das rührt mich nicht; ich bleibe treu.

Es bringt dir Unruh und Verdruß,
Voll Furcht und im Verborgnen brennen.
Wie sollte dir mein treuer Kuß
So vielen Schmerz vergelten können!
Um aller Sorge los zu seyn,
Verschaff dir Ruh durch meine Pein.

Grausame! Wenn dein zaghaft Herz
Mit Recht voll Furcht und Unruh wäre:
So dient ich dir mit meinem Schmerz,
Und rechnet ihn mir selbst zur Ehre.
Nun steht dem kleinsten Ungemach
Bey dir die stärkste Liebe nach.

Wen seine Glut so leicht gereut,
Der konnte niemals ernstlich lieben.
Du liebtest mich aus Grausamkeit,
Mich durch die Trennung zu betrüben.
Und, ach! mich reißt ein Augenblick
Aus deinem Arm, und meinem Glück.

Nein! Nein! Du hast ein Recht auf mich,
Deß du mich selbst nicht kannst entlassen.
Dem folg ich, und ich liebe dich,
Du magst mich lieben, oder hassen.
Den Trost, den mir dein Mund verspricht,
Die laue Freundschaft will ich nicht.

Du hast mir Liebe zugesagt.
Nimm nicht zurück, was du geschenket.
Wenn dich Verdruß und Unruh plagt:
So weißt du, wer sich mit dir kränket.
Die Unruh, die man so erfährt,
Ist mehr, als alle Ruhe, werth.

Doch, fliehst du mich gleich tausendmal:
So wirst du deine Ruh doch stören.
Du wirst von mir, zu deiner Qvaal,
Daß ich dich liebe, täglich hören.
Die Ruh ist schwach und unruhvoll,
Die sich auf Untreu gründen soll.

FRIEDRICH GOTTLIEB KLOPSTOCK
(1724–1803)

Das Rosenband

Im Frühlingsschatten fand ich sie;
Da band ich sie mit Rosenbändern:
Sie fühlt' es nicht und schlummerte.

Ich sah sie an; mein Leben hing
Mit diesem Blick an ihrem Leben:
Ich fühlt' es wohl und wußt' es nicht.

Doch lispelt' ich ihr sprachlos zu
Und rauschte mit den Rosenbändern:
Da wachte sie vom Schlummer auf.

Sie sah mich an; ihr Leben hing
Mit diesem Blick an meinem Leben,
Und um uns ward's Elysium.

GOTTHOLD EPHRAIM LESSING
(1729–1781)

Die schlafende Laura

Nachläßig hingestreckt,
Die Brust mit Flohr bedeckt,
Der jedem Lüftchen wich,
Das kühlend ihn durchstrich,
Ließ unter jenen Linden
Mein Glück mich Lauren finden.
Sie schlief, und weit und breit
Schlug jede Blum ihr Haupt zur Erden,
Aus mißvergnügter Traurigkeit,
Von Lauren nicht gesehn zu werden.
Sie schlief, und weit und breit
Erschallten keine Nachtigallen,
Aus weiser Furchtsamkeit,
Ihr minder zu gefallen,
Als ihr der Schlaf gefiel,
Als ihr der Traum gefiel,
Den sie vielleicht jezt träumte,
Von dem, ich hoff es, träumte,
Der staunend bey ihr stand,
Und viel zu viel empfand,
Um deutlich zu empfinden,
Um noch es zu empfinden,
Wie viel er da empfand.
Ich ließ mich sanfte nieder,
Ich segnete, ich küßte sie,
Ich segnete, und küßte wieder:
Und schnell erwachte sie.
Schnell thaten sich die Augen auf.
Die Augen? – nein, der Himmel that sich auf.

Die Liebe

Ohne Liebe
Lebe, wer da kann!
Wenn er auch ein Mensch schon bliebe,
Bleibt er doch kein Mann.

Süße Liebe,
Mach mein Leben süß!
Stille nie die regen Triebe
Sonder Hindernis.

Schmachten lassen
Sei der Schönen Pflicht!
Nur uns ewig schmachten lassen,
Dieses sei sie nicht.

MATTHIAS CLAUDIUS
(1740–1815)

Die Liebe

Die Liebe hemmet nichts; sie kennt nicht Tür noch Riegel
und dringt durch alles sich;
sie ist ohn' Anbeginn, schlug ewig ihre Flügel
und schlägt sie ewiglich.

Der Tod und das Mädchen

Das Mädchen:
Vorüber! Ach vorüber!
Geh wilder Knochenmann!
Ich bin noch jung, geh Lieber!
Und rühre mich nicht an.

Der Tod:
Gib deine Hand, du schön und zart Gebild!
Bin Freund, und komme nicht, zu strafen.
Sei gutes Muts! ich bin nicht wild,
Sollst sanft in meinen Armen schlafen!

GOTTFRIED AUGUST BÜRGER
(1747–1794)

Gabriele

O wie schön ist Gabriele,
O wie schön, an Seel' und Leib!
Öfters ahndet meiner Seele,
Diese sei kein Erdenweib.
Fast verklärt, wie Himmelsbräute,
Ist sie fehllos ganz und gar.
Heiliger und schöner war
Nur die Hochgebenedeite
Die den Heiland uns gebar.

JAKOB MICHAEL REINHOLD LENZ
(1751–1792)

Urania

Du kennst mich nicht
Wirst nie mich kennen
Wirst nie mich nennen
Mit Flammen im Gesicht.

Ich kenne dich
Und kann dich missen –
Ach mein Gewissen
Was peinigest du mich?

Dich missen? Nein
Für mich geboren –
Für mich verloren?
Bei Gott es kann nicht sein.

Sei hoch dein Freund
Und groß und teuer –
Doch, ist er treuer
Als dieser der hier weint?

Und dir mißfällt –
O Nachtgedanken!!
Kenn ihn, den Kranken
Sein Herz ist eine Welt.

Fühl alle Lust fühl alle Pein
Zu lieben und geliebt zu sein
So kannst du hier auf Erden
Schon ewig selig werden.

Aus ihren Augen lacht die Freude,
Auf ihren Lippen blüht die Lust,
Und unterm Amazonenkleide
Hebt Mut und Stolz und Drang die Brust:
Doch unter Locken, welche fliegen
Um ihrer Schultern Elfenbein,
Verrät ein Seitenblick beim Siegen
Den schönen Wunsch besiegt zu sein.

JOHANN WOLFGANG VON GOETHE
(1749–1832)

Willkommen und Abschied

Es schlug mein Herz; geschwind zu Pferde!
Es war getan fast eh' gedacht;
Der Abend wiegte schon die Erde,
Und an den Bergen hing die Nacht:
Schon stand im Nebelkleid die Eiche,
Ein aufgetürmter Riese, da,
Wo Finsternis aus dem Gesträuche
Mit hundert schwarzen Augen sah.

Der Mond von einem Wolkenhügel
Sah kläglich aus dem Duft hervor,
Die Winde schwangen leise Flügel,
Umsaus'ten schauerlich mein Ohr;
Die Nacht schuf tausend Ungeheuer;
Doch frisch und fröhlich war mein Mut:
In meinen Adern welches Feuer!
In meinem Herzen welche Glut!

Dich sah ich, und die milde Freude
Floß von dem süßen Blick auf mich;
Ganz war mein Herz an deiner Seite,
Und jeder Atemzug für dich.
Ein rosenfarbnes Frühlingswetter
Umgab das liebliche Gesicht,
Und Zärtlichkeit für mich – Ihr Götter!
Ich hofft' es, ich verdient' es nicht!

Doch ach! schon mit der Morgensonne
Verengt der Abschied mir das Herz:
In deinen Küssen, welche Wonne!
In deinem Auge, welcher Schmerz!
Ich ging, du standst und sahst zur Erden,
Und sahst mir nach mit nassem Blick:
Und doch, welch Glück geliebt zu werden!
Und lieben, Götter, welch ein Glück!

Der Abschied

Laß mein Aug den Abschied sagen,
Den mein Mund nicht nehmen kann!
Schwer, wie schwer ist er zu tragen!
Und ich bin doch sonst ein Mann.

Traurig wird in dieser Stunde
Selbst der Liebe süßtes Pfand,
Kalt der Kuß von deinem Munde,
Matt der Druck von deiner Hand.

Sonst, ein leicht gestohlnes Mäulchen,
O wie hat es mich entzückt!
So erfreuet uns ein Veilchen,
Das man früh im März gepflückt.

Doch ich pflücke nun kein Kränzchen,
Keine Rose mehr für dich.
Frühling ist es, liebes Fränzchen,
Aber leider Herbst für mich!

Gefunden

Ich ging im Walde
So für mich hin,
Und nichts zu suchen
Das war mein Sinn.

Im Schatten sah' ich
Ein Blümchen stehn,
Wie Sterne leuchtend,
Wie Äuglein schön.

Ich wollt' es brechen;
Da sagt' es fein:
Soll ich zum Welken
Gebrochen sein?

Ich grub's mit allen
Den Würzlein aus,
Zum Garten trug ich's
Am hübschen Haus.

Und pflanzt es wieder
Am stillen Ort;
Nun zweigt es immer
Und blüht so fort.

Mailied

Wie herrlich leuchtet
Mir die Natur!
Wie glänzt die Sonne!
Wie lacht die Flur!

Es dringen Blüten
Aus jedem Zweig
Und tausend Stimmen
Aus dem Gesträuch

Und Freud und Wonne
Aus jeder Brust.
O Erd', o Sonne,
O Glück, o Lust,

O Lieb', o Liebe,
So golden schön
Wie Morgenwolken
Auf jenen Höhn,

Du segnest herrlich
Das frische Feld,
Im Blütendampfe
Die volle Welt!

O Mädchen, Mädchen,
Wie lieb' ich dich!
Wie blinkt dein Auge,
Wie liebst du mich!

So liebt die Lerche
Gesang und Luft,
Und Morgenblumen
Den Himmelsduft,

Wie ich dich liebe
Mit warmen Blut,
Die du mir Jugend
Und Freud' und Mut

Zu neuen Liedern
Und Tänzen gibst.
Sei ewig glücklich,
Wie du mich liebst.

Mignon

Kennst du das Land, wo die Zitronen blühn,
Im dunkeln Laub die Goldorangen glühn,
Ein sanfter Wind vom blauen Himmel weht,
Die Myrte still und hoch der Lorbeer steht,
Kennst du es wohl?
Dahin! Dahin
Möcht' ich mit dir, o mein Geliebter, ziehn!

Kennst du das Haus? auf Säulen ruht sein Dach,
Es glänzt der Saal, es schimmert das Gemach,
Und Marmorbilder stehn und sehn mich an:
Was hat man dir, du armes Kind, getan?
Kennst du es wohl?
Dahin! Dahin
Möcht' ich mit dir, o mein Beschützer, ziehn!

Kennst du den Berg und seinen Wolkensteg?
Das Maultier sucht im Nebel seinen Weg,
In Höhlen wohnt der Drachen alte Brut,
Es stürzt der Fels und über ihn die Flut:
Kennst du ihn wohl?
Dahin! Dahin
Geht unser Weg; o Vater, laß uns ziehn!

Der König in Thule

Es war ein König in Thule
Gar treu bis an das Grab,
Dem sterbend seine Buhle
Einen goldnen Becher gab.

Es ging ihm nichts darüber,
Er leert' ihn jeden Schmaus;
Die Augen gingen ihm über,
Sooft er trank daraus.

Und als er kam zu sterben,
Zählt' er seine Städt' im Reich',
Gönnt' alles seinen Erben,
Den Becher nicht zugleich.

Er saß beim Königsmahle,
Die Ritter um ihn her,
Auf hohem Vätersaale,
Dort auf dem Schloß am Meer.

Dort stand der alte Zecher,
Trank letzte Lebensglut,
Und warf den heilgen Becher
Hinunter in die Flut.

Er sah ihn stürzen, trinken
Und sinken tief ins Meer.
Die Augen täten ihm sinken;
Trank nie einen Tropfen mehr.

An den Mond

Füllest wieder Busch und Tal
Still mit Nebelglanz,
Lösest endlich auch einmal
Meine Seele ganz,

Breitest über mein Gefild
Lindernd deinen Blick,
Wie des Freundes Auge mild
Über mein Geschick.

Jeden Nachklang fühlt mein Herz
Froh- und trüber Zeit,
Wandle zwischen Freud und Schmerz
In der Einsamkeit.

Fließe, fließe, lieber Fluß!
Nimmer werd ich froh,
So verrauschte Scherz und Kuß
Und die Treue so.

Ich besaß es doch einmal,
Was so köstlich ist!
Daß man doch zu seiner Qual
Nimmer es vergißt!

Rausche, Fluß, das Tal entlang,
Ohne Rast und Ruh,
Rausche, flüstre meinem Sang
Melodien zu,

Wenn du in der Winternacht
Wütend überschwillst
Oder um die Frühlingspracht
Junger Knospen quillst.

Selig, wer sich vor der Welt
Ohne Haß verschließt,
Einen Freund am Busen hält
Und mit dem genießt,

Was, von Menschen nicht gewußt
Oder nicht bedacht,
Durch das Labyrinth der Brust
Wandelt durch die Nacht.

Selige Sehnsucht

Sagt es niemand, nur den Weisen,
Weil die Menge gleich verhöhnet,
Das Lebendge will ich preisen
Das nach Flammentod sich sehnet.

In der Liebesnächte Kühlung,
Die dich zeugte, wo du zeugtest,
Überfällt dich fremde Fühlung,
Wenn die stille Kerze leuchtet.

Nicht mehr bleibest du umfangen
In der Finsternis Beschattung,
Und dich reißet neu Verlangen
Auf zu höherer Begattung.

Keine Ferne macht dich schwierig,
Kommst geflogen und gebannt,
Und zuletzt, des Lichts begierig,
Bist du Schmetterling verbrannt.

Und so lang du das nicht hast,
Dieses: Stirb und werde!
Bist du nur ein trüber Gast
Auf der dunklen Erde.

FRIEDRICH SCHILLER
(1759–1805)

Sehnsucht

Ach, aus dieses Tales Gründen,
Die der kalte Nebel drückt,
Könnt ich doch den Ausgang finden,
Ach wie fühlt ich mich beglückt!
Dort erblick ich schöne Hügel,
Ewig jung und ewig grün!
Hätt ich Schwingen, hätt ich Flügel,
Nach den Hügeln zög ich hin.

Harmonien hör ich klingen,
Töne süßer Himmelsruh,
Und die leichten Winde bringen
Mir der Düfte Balsam zu,
Goldne Früchte seh ich glühen,
Winkend zwischen dunkelm Laub,
Und die Blumen, die dort blühen,
Werden keines Winters Raub.

Ach wie schön muß sich's ergehen
Dort im ew'gen Sonnenschein,
Und die Luft auf jenen Höhen,
O wie labend muß sie sein!
Doch mir wehrt des Stromes Toben,
Der ergrimmt dazwischen braust,
Seine Wellen sind gehoben,
Daß die Seele mir ergraust.

Einen Nachen seh ich schwanken,
Aber ach! der Fährmann fehlt.
Frisch hinein und ohne Wanken!
Seine Segel sind beseelt.
Du mußt glauben, du mußt wagen,
Denn die Götter leihn kein Pfand,
Nur ein Wunder kann dich tragen
In das schöne Wunderland.

FRIEDRICH HÖLDERLIN
(1770–1843)

Menons Klagen um Diotima

1

Täglich geh' ich heraus, und such' ein Anderes immer,
Habe längst sie befragt alle die Pfade des Lands;
Droben die kühlenden Höhn, die Schatten alle besuch' ich,
Und die Quellen; hinauf irret der Geist und hinab,
Ruh' erbittend; so flieht das getroffene Wild in die Wälder,
Wo es um Mittag sonst sicher im Dunkel geruht;
Aber nimmer erquickt sein grünes Lager das Herz ihm,
Jammernd und schlummerlos treibt es der Stachel umher.
Nicht die Wärme des Lichts, und nicht die Kühle der Nacht
                                                    hilft,
Und in Wogen des Stroms taucht es die Wunden umsonst.
Und wie ihm vergebens die Erd' ihr fröhliches Heilkraut
Reicht, und das gärende Blut keiner der Zephyre stillt,
So, ihr Lieben! auch mir, so will es scheinen, und niemand
Kann von der Stirne mir nehmen den traurigen Traum?

2

Ja! es frommet auch nicht, ihr Todesgötter! wenn einmal
Ihr ihn haltet, und fest habt den bezwungenen Mann,
Wenn ihr Bösen hinab in die schaurige Nacht ihn genommen,
Dann zu suchen, zu flehn, oder zu zürnen mit euch,
Oder geduldig auch wohl im furchtsamen Banne zu wohnen,
Und mit Lächeln von euch hören das nüchterne Lied.
Soll es sein, so vergiß dein Heil, und schlummere klanglos!
Aber doch quillt ein Laut hoffend im Busen dir auf,
Immer kannst du noch nicht, o meine Seele! noch kannst du's
Nicht gewohnen, und träumst mitten im eisernen Schlaf!
Festzeit hab' ich nicht, doch möcht' ich die Locke bekränzen;
Bin ich allein denn nicht? aber ein Freundliches muß
Fernher nahe mir sein, und lächeln muß ich und staunen,
Wie so selig doch auch mitten im Leide mir ist.

3

Licht der Liebe! scheinest du denn auch Toten, du goldnes!
Bilder aus hellerer Zeit leuchtet ihr mir in die Nacht?
Liebliche Gärten seid, ihr abendrötlichen Berge,
Seid willkommen und ihr, schweigende Pfade des Hains,
Zeugen himmlischen Glücks, und ihr, hochschauende Sterne,
Die mir damals so oft segnende Blicke gegönnt!
Euch, ihr Liebenden auch, ihr schönen Kinder des Maitags,
Stille Rosen und euch, Lilien, nenn' ich noch oft!
Wohl gehn Frühlinge fort, ein Jahr verdränget das andre,
Wechselnd und streitend, so tost droben vorüber die Zeit
Über sterblichem Haupt, doch nicht vor seligen Augen,
Und den Liebenden ist anderes Leben geschenkt.
Denn sie alle die Tag' und Jahre der Sterne, sie waren
Diotima! um uns innig und ewig vereint;

4

Aber wir, zufrieden gesellt, wie die liebenden Schwäne,
Wenn sie ruhen am See, oder, auf Wellen gewiegt,
Niedersehn in die Wasser, wo silberne Wolken sich spiegeln,
Und ätherisches Blau unter den Schiffenden wallt,
So auf Erden wandelten wir. Und drohte der Nord auch,
Er, der Liebenden Feind, klagenbereitend, und fiel
Von den Ästen das Laub, und flog im Winde der Regen,
Ruhig lächelten wir, fühlten den eigenen Gott
Unter trautem Gespräch; in Einem Seelengesange,
Ganz in Frieden mit uns kindlich und freudig allein.
Aber das Haus ist öde mir nun, und sie haben mein Auge
Mir genommen, auch mich hab' ich verloren mit ihr.
Darum irr' ich umher, und wohl, wie die Schatten, so muß ich
Leben, und sinnlos dünkt lange das Übrige mir.

5

Feiern möcht' ich; aber wofür? und singen mit Andern,
Aber so einsam fehlt jegliches Göttliche mir.
Dies ist's, dies mein Gebrechen, ich weiß, es lähmet ein Fluch
                                mir
Darum die Sehnen, und wirft, wo ich beginne, mich hin,
Daß ich fühllos sitze den Tag, und stumm wie die Kinder,
Nur vom Auge mir kalt öfters die Träne noch schleicht,
Und die Pflanze des Felds, und der Vögel Singen mich trüb
                                macht,
Weil mit Freuden auch sie Boten des Himmlischen sind,
Aber mir in schaudernder Brust die beseelende Sonne,
Kühl und fruchtlos mir dämmert, wie Strahlen der Nacht,
Ach! und nichtig und leer, wie Gefängniswände, der Himmel
Eine beugende Last über dem Haupte mir hängt!

6

Sonst mir anders bekannt! o Jugend, und bringen Gebete
Dich nicht wieder, dich nie? führet kein Pfad mich zurück?
Soll es werden auch mir, wie den Götterlosen, die vormals
Glänzenden Auges doch auch saßen an seligem Tisch',
Aber übersättiget bald, die schwärmenden Gäste,
Nun verstummet, und nun, unter der Lüfte Gesang,
Unter blühender Erd' entschlafen sind, bis dereinst sie
Eines Wunders Gewalt sie, die Versunkenen, zwingt,
Wiederzukehren, und neu auf grünendem Boden zu wan-
                                                      deln. –
Heiliger Othem durchströmt göttlich die lichte Gestalt,
Wenn das Fest sich beseelt, und Fluten der Liebe sich regen,
Und vom Himmel getränkt, rauscht der lebendige Strom,
Wenn es drunten ertönt, und ihre Schätze die Nacht zollt,
und aus Bächen herauf glänzt das begrabene Gold. –

7

Aber o du, die schon am Scheidewege mir damals,
Da ich versank vor dir, tröstend ein Schöneres wies,
Du, die Großes zu sehn, und froher die Götter zu singen,
Schweigend, wie sie, mich einst stille begeisternd gelehrt;
Götterkind! erscheinest du mir, und grüßest, wie einst, mich,
Redest wieder, wie einst, höhere Dinge mir zu?
Siehe! weinen vor dir, und klagen muß ich, wenn schon noch,
Denkend edlerer Zeit, dessen die Seele sich schämt.
Denn so lange, so lang auf matten Pfaden der Erde
Hab' ich, deiner gewohnt, dich in der Irre gesucht,
Freudiger Schutzgeist! aber umsonst, und Jahre zerrannen,
Seit wir ahnend um uns glänzen die Abende sahn.

8

Dich nur, dich erhält dein Licht, o Heldin! im Lichte,
Und dein Dulden erhält liebend, o Gütige, dich;
Und nicht einmal bist du allein; Gespielen genug sind,
Wo du blühest und ruhst unter den Rosen des Jahrs;
Und der Vater, er selbst, durch sanftumatmende Musen
Sendet die zärtlichen Wiegengesänge dir zu.
Ja! noch ist sie es ganz! noch schwebt vom Haupte zur Sohle,
Stillherwandelnd, wie sonst, mir die Athenerin vor.
Und wie, freundlicher Geist! von heitersinnender Stirne
Segnend und sicher dein Strahl unter die Sterblichen fällt;
So bezeugest du mir's, und sagst mir's, daß ich es andern
Wiedersage, denn auch Andere glauben es nicht,
Daß unsterblicher doch, denn Sorg' und Zürnen, die Freude
Und ein goldener Tag täglich am Ende noch ist.

9

So will ich, ihr Himmlischen! denn auch danken, und endlich
Atmet aus leichter Brust wieder des Sängers Gebet.
Und wie, wenn ich mit ihr, auf sonniger Höhe mit ihr stand,
Spricht belebend ein Gott innen vom Tempel mich an.
Leben will ich denn auch! schon grünt's! wie von heiliger
                                                      Leier
Ruft es von silbernen Bergen Apollons voran!
Komm! es war wie ein Traum! Die blutenden Fittige sind ja
Schon genesen, verjüngt leben die Hoffnungen all.
Großes zu finden, ist viel, ist viel noch übrig, und wer so
Liebte, gehet, er muß, gehet zu Göttern die Bahn.
Und geleitet ihr uns, ihr Weihestunden! ihr ernsten,
Jugendlichen! o bleibt, heilige Ahnungen, ihr
Fromme Bitten! und ihr Begeisterungen und all ihr
Guten Genien, die gerne bei Liebenden sind;

Bleibt so lange mit uns, bis wir auf gemeinsamem Boden
Dort, wo die Seligen all niederzukehren bereit,
Dort, wo die Adler sind, die Gestirne, die Boten des Vaters,
Dort, wo die Musen, woher Helden und Liebende sind,
Dort uns, oder auch hier, auf tauender Insel begegnen,
Wo die Unsrigen erst, blühend in Gärten gesellt,
Wo die Gesänge wahr, und länger die Frühlinge schön sind,
Und von neuem ein Jahr unserer Seele beginnt.

Lebenslauf

Hoch auf strebte mein Geist, aber die Liebe zog
Schön ihn nieder; das Leid beugt ihn gewaltiger;
So durchlauf ich des Lebens
Bogen und kehre, woher ich kam.

Sokrates und Alcibiades

»Warum huldigest du, heiliger Sokrates,
Diesem Jünglinge stets? kennest du Größers nicht?
Warum siehet mit Liebe,
Wie auf Götter, dein Aug' auf ihn?«

Wer das Tiefste gedacht, liebt das Lebendigste,
Hohe Jugend versteht, wer in die Welt geblickt
Und es neigen die Weisen
Oft am Ende zu Schönem sich.

FRIEDRICH VON SCHLEGEL
(1772–1829)

Erscheinung

O wie lieb' ich die Sachen,
Die mit mir spielen!
O wie bunt sind die Kinder,
Die mit mir fliegen!

Sie scheinen mich zu hüten,
Und geben Süßes.
Ich sehe, daß ich glänze,
Und habe Flügel.

LUDWIG TIECK
(1773–1853)

Liebe

Weht ein Ton vom Feld herüber,
Grüßt mich immerdar ein Freund,
Spricht zu mir: Was meinst du, Lieber?
Sieh, wie Sonne Liebe scheint:
Herz am Herzen stets vereint
Gehn die bösen Stunden über.

Liebe denkt in süßen Tönen,
Denn Gedanken stehn zu fern,
Nur in Tönen mag sie gern
Alles, was sie will, verschönen.
Drum ist ewig uns zugegen,
Wenn Musik mit Klängen spricht,
Ihr die Sprache nicht gebricht,
Holde Lieb' auf allen Wegen;
Liebe kann sich nicht bewegen,
Leihet sie den Odem nicht.

CLEMENS BRENTANO
(1778–1842)

Der Spinnerin Nachtlied

Es sang vor langen Jahren
Wohl auch die Nachtigall,
Das war wohl süßer Schall,
Da wir zusammen waren.

Ich sing' und kann nicht weinen,
Und spinne so allein
Den Faden klar und rein
So lang der Mond wird scheinen.

Als wir zusammen waren
Da sang die Nachtigall
Nun mahnet mich ihr Schall
Daß du von mir gefahren.

So oft der Mond mag scheinen,
Denk' ich wohl dein allein,
Mein Herz ist klar und rein,
Gott wolle uns vereinen.

Seit du von mir gefahren,
Singt stets die Nachtigall,
Ich denk' bei ihrem Schall,
Wie wir zusammen waren.

Gott wolle uns vereinen
Hier spinn' ich so allein,
Der Mond scheint klar und rein,
Ich sing' und möchte weinen.

Wo schlägt ein Herz, das bleibend fühlt?

Wo schlägt ein Herz, das bleibend fühlt?
Wo ruht ein Grund nicht stets durchwühlt?
Wo strahlt ein See, nicht stets durchspült?
Ein Mutterschoß, der nie erkühlt?
Ein Spiegel, nicht für jedes Bild –
Wo ist ein Grund, ein Dach, ein Schild,
Ein Himmel, der kein Wolkenflug,
Ein Frühling, der kein Vögelzug,
Wo eine Spur, die ewig treu,
Ein Gleis, das nicht stets neu und neu?
Ach, wo ist Bleibens auf der Welt,
Ein redlich, ein gefriedet Feld,
Ein Blick, der hin und her nicht schweift,
Und Dies und Das, und Nichts ergreift,
Ein Geist, der sammelt und erbaut –
Ach, wo ist meiner Sehnsucht Braut?
Ich trage einen treuen Stern,
Und pflanzt' ihn in den Himmel gern,
Und find kein Plätzchen tief und klar,
Und keinen Felsgrund zum Altar;
Hilf suchen, Süße, halt, o halt!
Ein jeder Himmel leid't Gewalt.

Ich weiß wohl, was dich bannt in mir!

»Ich weiß wohl, was dich bannt in mir,
Die Lebensgluth in meiner Brust,
Die süße zauberhafte Zier
Der bangen tiefgeheimen Lust,
Die aus mir strahlet, ruft zu dir.«
Schließ mich in einen Felsen ein,
Ruft doch dein Herz durch Mark und Bein:
»Komm, lebe, liebe, stirb an mir!«
Leg diesen Fels dir auf die Brust,
Du mußt, du mußt!

Zu Bacharach am Rheine

Zu Bacharach am Rheine
Wohnt eine Zauberin,
Sie war so schön und feine
Und riß viel Herzen hin.

Und brachte viel zu Schanden
Der Männer rings umher,
Aus ihren Liebesbanden
War keine Rettung mehr.

Der Bischof ließ sie laden
Vor geistliche Gewalt –
Und mußte sie begnaden,
So schön war ihr' Gestalt.

Er sprach zu ihr gerühret:
»Du arme Lore Lay!
Wer hat dich denn verführet
Zu böser Zauberei?«

»Herr Bischof laßt mich sterben,
Ich bin des Lebens müd,
Weil jeder muß verderben,
Der meine Augen sieht.

Die Augen sind zwei Flammen,
Mein Arm ein Zauberstab –
O legt mich in die Flammen!
O brechet mir den Stab!«

»Ich kann dich nicht verdammen,
Bis du mir erst bekennt,
Warum in diesen Flammen
Mein eigen Herz schon brennt.

Den Stab kann ich nicht brechen,
Du schöne Lore Lay!
Ich müßte dann zerbrechen
Mein eigen Herz entzwei.«

»Herr Bischof mit mir Armen
Treibt nicht so bösen Spott,
Und bittet um Erbarmen,
Für mich den lieben Gott.

Ich darf nicht länger leben,
Ich liebe keinen mehr –
Den Tod sollt Ihr mir geben,
Drum kam ich zu Euch her. –

Mein Schatz hat mich betrogen,
Hat sich von mir gewandt,
Ist fort von hier gezogen,
Fort in ein fremdes Land.

Die Augen sanft und wilde,
Die Wangen rot und weiß,
Die Worte still und milde
Das ist mein Zauberkreis.

Ich selbst muß drin verderben,
Das Herz tut mir so weh,
Vor Schmerzen möcht ich sterben,
Wenn ich mein Bildnis seh.

Drum laßt mein Recht mich finden,
Mich sterben, wie ein Christ,
Denn alles muß verschwinden,
Weil er nicht bei mir ist.«

Drei Ritter läßt er holen:
»Bringt sie ins Kloster hin,
Geh Lore! – Gott befohlen
Sei dein berückter Sinn.

Du sollst ein Nönnchen werden,
Ein Nönnchen schwarz und weiß,
Bereite dich auf Erden
Zu deines Todes Reis'.«

Zum Kloster sie nun ritten,
Die Ritter alle drei,
Und traurig in der Mitten
Die schöne Lore Lay.

»O Ritter laßt mich gehen,
Auf diesen Felsen groß,
Ich will noch einmal sehen
Nach meines Lieben Schloß.

Ich will noch einmal sehen
Wohl in den tiefen Rhein,
Und dann ins Kloster gehen
Und Gottes Jungfrau sein.«

Der Felsen ist so jähe,
So steil ist seine Wand,
Doch klimmt sie in die Höhe,
Bis daß sie oben stand.

Es binden die drei Ritter,
Die Rosse unten an,
Und klettern immer weiter,
Zum Felsen auch hinan.

Die Jungfrau sprach: »Da gehet
Ein Schifflein auf dem Rhein,
Der in dem Schifflein stehet,
Der soll mein Liebster sein.

Mein Herz wird mir so munter,
Er muß mein Liebster sein! –«
Da lehnt sie sich hinunter
Und stürzet in den Rhein.

Die Ritter mußten sterben,
Sie konnten nicht hinab,
Sie mußten all verderben,
Ohn Priester und ohn Grab.

Wer hat dies Lied gesungen?
Ein Schiffer auf dem Rhein,
Und immer hat's geklungen
Von dem Dreiritterstein:

Lore Lay
Lore Lay
Lore Lay

Als wären es meiner drei.

Ich wollt ein Sträußlein binden

Ich wollt ein Sträußlein binden,
Da kam die dunkle Nacht,
Kein Blümlein war zu finden,
Sonst hätt ich dir's gebracht.

Da flossen von den Wangen
Mir Tränen in den Klee,
Ein Blümlein aufgegangen
Ich nun im Garten seh.

Das wollte ich dir brechen
Wohl in dem dunklen Klee,
Doch fing es an zu sprechen:
»Ach tue mir nicht weh!

Sei freundlich in dem Herzen,
Betracht dein eigen Leid,
Und lasse mich in Schmerzen
Nicht sterben vor der Zeit!«

Und hätt's nicht so gesprochen,
Im Garten ganz allein,
So hätt ich dir's gebrochen;
Nun aber darf's nicht sein.

Mein Schatz ist ausgeblieben,
Ich bin so ganz allein.
Im Lieben wohnt Betrüben,
Und kann nicht anders sein.

KAROLINE VON GÜNDERODE
(1780 – 1806)

Liebe

O reiche Armuth! Gebend, seliges Empfangen!
In Zagheit Muth! in Freiheit doch gefangen.
In Stummheit Sprache,
Schüchtern bei Tage,
Siegend mit zaghaftem Bangen.

Lebendiger Tod, im Einen sel'ges Leben
Schwelgend in Noth, im Widerstand ergeben.
Genießend schmachten,
Nie satt betrachten
Leben im Traum und doppelt Leben.

Hochrot

Du innig Rot,
Bis an den Tod
Soll meine Lieb dir gleichen,
Soll nimmer bleichen,
Bis an den Tod,
Du glühend Rot,
Soll sie dir gleichen.

ADELBERT VON CHAMISSO
(1781–1838)

Frauen-Liebe und -Leben

Seit ich ihn gesehen,
glaub' ich blind zu sein;
wo ich hin nur blicke,
seh' ich ihn allein;
wie im wachen Traume
schwebt sein Bild mir vor,
taucht aus tiefstem Dunkel
heller nur empor.

Sonst ist licht- und farblos
alles um mich her,
nach der Schwestern Spiele
nicht begehr' ich mehr,
möchte lieber weinen
still im Kämmerlein;
seit ich ihn gesehen,
glaub' ich blind zu sein.

Lebe wohl

Wer sollte fragen, wie's geschah?
Es geht auch andern ebenso.
Ich freute mich, als ich dich sah,
Du warst, als du mich sahst, auch froh.

Der erste Gruß, den ich dir bot,
Macht' uns auf einmal beide reich;
Du wurdest, als ich kam, so rot,
Du wurdest, als ich ging, so bleich.

Nun kam ich auch tagaus, tagein,
Es ging uns beiden durch den Sinn;
Bei Regen und bei Sonnenschein
Schwand bald der Sommer uns dahin.

Wir haben uns die Hand gedrückt,
Um nichts gelacht, um nichts geweint,
Gequält einander und beglückt
Und haben's redlich auch gemeint.

Dann kam der Herbst, der Winter gar,
Die Schwalbe zog nach altem Brauch,
Und: lieben? – lieben immerdar?
Es wurde kalt, es fror uns auch.

Ich werde gehn ins fremde Land,
Du sagst mir höflich: Lebe wohl!
Ich küsse höflich dir die Hand,
Und nun ist alles, wie es soll.

Küssen will ich, ich will küssen

Freund, noch einen Kuß mir gieb,
Einen Kuß von deinem Munde,
Ach! ich habe dich so lieb!
Freund, noch einen Kuß mir gieb.
Werden möcht' ich sonst zum Dieb,
Wärst du karg in dieser Stunde;
Freund, noch einen Kuß mir gieb,
Einen Kuß von deinem Munde.

Küssen ist ein süßes Spiel,
Meinst du nicht, mein süßes Leben?
Nimmer ward es noch zu viel,
Küssen ist ein süßes Spiel.
Küsse, sonder Zahl und Ziel,
Geben, nehmen, wiedergeben,
Küssen ist ein süßes Spiel,
Meinst du nicht, mein süßes Leben?

Giebst du einen Kuß mir nur,
Tausend geb' ich dir für einen.
Ach wie schnelle läuft die Uhr,
Giebst du einen Kuß mir nur.
Ich verlange keinen Schwur,
Wenn es treu die Lippen meinen,
Giebst du einen Kuß mir nur,
Tausend geb' ich dir für einen.

Flüchtig, eilig wie der Wind,
Ist die Zeit, wann wir uns küssen.
Stunden, wo wir selig sind,
Flüchtig, eilig wie der Wind!
Scheiden schon, ach so geschwind!
O, wie werd' ich weinen müssen!
Flüchtig, eilig wie der Wind,
Ist die Zeit, wann wir uns küssen.

Muß es denn geschieden sein,
Noch nur einen Kuß zum Scheiden!
Scheiden, meiden, welche Pein!
Muß es denn geschieden sein?
Lebe wohl und denke mein,
Mein in Freuden und in Leiden;
Muß es denn geschieden sein,
Noch nur einen Kuß zum Scheiden!

LUDWIG UHLAND
(1787–1862)

Seliger Tod

Gestorben war ich
Vor Liebeswonne;
Begraben lag ich
In ihren Armen;
Erwecket ward ich
Von ihren Küssen;
Den Himmel sah ich
In ihren Augen.

Die Fahrt zur Geliebten

O brich nicht Steg, du zitterst sehr!
O stürz nicht Fels, du drauest schwer!
Welt, geh nicht unter, Himmel, fall nicht ein,
Eh ich mag bei der Liebsten sein!

JOSEPH VON EICHENDORFF
(1788–1857)

Mondnacht

Es war, als hätt der Himmel
Die Erde still geküßt,
Daß sie im Blütenschimmer
Von ihm nun träumen müßt.

Die Luft ging durch die Felder,
Die Ähren wogten sacht,
Es rauschten leis die Wälder,
So sternklar war die Nacht.

Und meine Seele spannte
Weit ihre Flügel aus,
Flog durch die stillen Lande,
Als flöge sie nach Haus.

Das zerbrochene Ringlein

In einem kühlen Grunde,
Da geht ein Mühlenrad,
Mein Liebste ist verschwunden,
Die dort gewohnet hat.

Sie hat mir Treu versprochen,
Gab mir ein'n Ring dabei,
Sie hat die Treu gebrochen,
Mein Ringlein sprang entzwei.

Ich möcht als Spielmann reisen
Weit in die Welt hinaus
Und singen meine Weisen
Und gehn von Haus zu Haus.

Ich möcht als Reiter fliegen
Wohl in die blut'ge Schlacht,
Um stille Feuer liegen
Im Feld bei dunkler Nacht.

Hör ich das Mühlrad gehen
Ich weiß nicht, was ich will –
Ich möcht am liebsten sterben,
Da wär's auf einmal still!

Gruß

Über Wipfel und Saaten
In den Glanz hinein –
Wer mag sie erraten,
Wer holte sie ein? –
Gedanken sich wiegen,
Die Nacht ist verschwiegen,
Gedanken sind frei.

Es rät es nur Eine,
Wer an sie gedacht
Beim Rauschen der Haine,
Wenn niemand mehr wacht,
Als die Wolken, die fliegen,
Mein Lieb ist verschwiegen
Und schön wie die Nacht.

Sehnsucht

Es schienen so golden die Sterne,
Am Fenster ich einsam stand
Und hörte aus weiter Ferne
Ein Posthorn im stillen Land.
Das Herz mir im Leib entbrennte,
Da hab ich mir heimlich gedacht:
Ach, wer da mitreisen könnte
In der prächtigen Sommernacht!

Zwei junge Gesellen gingen
Vorüber am Bergeshang,
Ich hörte im Wandern sie singen
Die stille Gegend entlang:
Von schwindelnden Felsenschlüften,
Wo die Wälder rauschen so sacht,
Von Quellen, die von den Klüften
Sich stürzen in die Waldesnacht.

Sie sangen von Marmorbildern,
Von Gärten, die überm Gestein
In dämmernden Lauben verwildern,
Palästen im Mondenschein,
Wo die Mädchen am Fenster lauschen,
Wann der Lauten Klang erwacht
Und die Brunnen verschlafen rauschen
In der prächtigen Sommernacht. –

FRIEDRICH RÜCKERT
(1788–1866)

Ich liebe dich, weil ich dich lieben muß

Ich liebe dich, weil ich dich lieben muß;
Ich liebe dich, weil ich nicht anders kann;
Ich liebe dich nach einem Himmelsschluß;
Ich liebe dich durch einen Zauberbann.
Dich lieb ich wie die Rose ihren Strauch;
Dich lieb ich wie die Sonne ihren Schein;
Dich lieb ich, weil du bist mein Lebenshauch;
Dich lieb ich, weil dich lieben ist mein Sein.

ANNETTE VON DROSTE-HÜLSHOFF
(1797–1848)

Im Grase

Süße Ruh', süßer Taumel im Gras,
Von des Krautes Arom umhaucht,
Tiefe Flut, tief, tief trunkne Flut,
Wenn die Wolke am Azure verraucht,
Wenn aufs müde schwimmende Haupt
Süßes Lachen gaukelt herab,
Liebe Stimme säuselt und träuft
Wie die Lindenblüth' auf ein Grab.

Wenn im Busen die Todten dann
Jede Leiche sich streckt und regt,
Leise, leise den Odem zieht,
Die geschloss'ne Wimper bewegt,
Todte Lieb', todte Lust, todte Zeit,
All die Schätze, im Schutt verwühlt,
Sich berühren mit schüchternem Klang
Gleich den Glöckchen, vom Winde umspielt.

Stunden, flücht'ger ihr als der Kuß
Eines Strahls auf den trauernden See,
Als des zieh'nden Vogels Lied,
Das mir niederperlt aus der Höh',
Als des schillernden Käfers Blitz
Wenn den Sonnenpfad er durcheilt,
Als der flücht'ge Druck einer Hand,
Die zum letzten Male verweilt.

Dennoch, Himmel, immer mir nur
Dieses Eine nur: für das Lied
Jedes freien Vogels im Blau
Eine Seele, die mit ihm zieht,
Nur für jeden kärglichen Strahl
Meinen farbig schillernden Saum,
Jeder warmen Hand meinen Druck
Und für jedes Glück einen Traum.

An Levin Schücking

Kein Wort, und wär es scharf wie Stahles Klinge,
Soll trennen, was in tausend Fäden eins,
So mächtig kein Gedanke, daß er dringe
Vergällend in den Becher reinen Weins;
Das Leben ist so kurz, das Glück so selten,
So großes Kleinod, einmal sein statt gelten!

Hat das Geschick uns, wie in frevlem Witze,
Auf feindlich starre Pole gleich erhöht,
So wisse, dort, dort auf der Scheidung Spitze
Herrscht, König über alle, der Magnet,
Nicht fragt er, ob ihn Fels und Strom gefährde,
Ein Strahl fährt mitten er durchs Herz der Erde.

Blick in mein Auge – ist es nicht das deine,
Ist nicht mein Zürnen selber deinem gleich?
Du lächelst – und dein Lächeln ist das meine,
An gleicher Lust und gleichem Sinnen reich;
Worüber alle Lippen freundlich scherzen,
Wir fühlen heil'ger es im eignen Herzen.

Pollux und Kastor – wechselnd Glühn und Bleichen,
Des einen Licht geraubt dem andern nur,
Und doch der allerfrömmsten Treue Zeichen. –
So reiche mir die Hand, mein Dioskur!
Und mag erneuern sich die holde Mythe,
Wo überm Helm die Zwillingsflamme glühte.

AUGUST VON PLATEN
(1796–1835)

Tristan und Isolde

Wer die Schönheit angeschaut mit Augen,
Ist dem Tode schon anheim gegeben,
Wird für keinen Dienst auf Erden taugen,
Und doch wird er vor dem Tode beben,
Wer die Schönheit angeschaut mit Augen.

Ewig währt für ihn der Schmerz der Liebe,
Denn ein Thor nur kann auf Erden hoffen,
Zu genügen einem solchen Triebe.
Wen der Pfeil des Schönen je getroffen,
Ewig währt für ihn der Schmerz der Liebe!

Was er wünscht, das ist ihm nie geworden,
Und die Stunden, die das Leben spinnen,
Sind nur Mörder, die gemach ihn morden:
Was er will, das wird er nie gewinnen,
Was er wünscht, das ist ihm nie geworden.

Ach, er möchte wie ein Quell versiechen,
Jedem Hauch der Luft ein Gift entsaugen,
Und den Tod aus jeder Blume riechen:
Wer die Schönheit angeschaut mit Augen,
Ach, er möchte wie ein Quell versiechen!

Sonett

Dich oft zu sehen, ist mir nicht beschieden,
Und ganz versagt ist mir, zu dir zu kommen,
Dir selten zu begegnen und beklommen
Dich anzuschau'n, das ist mein Loos hienieden.

Doch von dir träumen, dichten, Plane schmieden,
Um dir zu nahn, das ist mir unbenommen,
Das soll, so lang' es frommen will, mir frommen,
Und mit so Wen'gem stell' ich mich zufrieden.

Denn ach! ich habe Schlimmeres ertragen,
Als dieses Schlimme jetzt, und duld' ergeben,
Statt heft'ger Qual, ein süßes Misbehagen.

Mein Wunsch, bei Andern, zeugte Widerstreben,
Du hast ihn nicht erhört, doch abgeschlagen
Hast du ihn auch nicht, o mein süßes Leben!

HEINRICH HEINE
(1797–1856)

Mein süßes Lieb, wenn du im Grab

Mein süßes Lieb, wenn du im Grab,
Im dunkeln Grab wirst liegen,
Dann will ich steigen zu dir hinab,
Und will mich an dich schmiegen.

Ich küsse, umschlinge und presse dich wild,
Du Stille, du Kalte, du Bleiche!
Ich jauchze, ich zittre, ich weine mild,
Ich werde selber zur Leiche.

Die Toten stehn auf, die Mitternacht ruft,
Sie tanzen im luftigen Schwarme;
Wir beide bleiben in der Gruft,
Ich liege in deinem Arme.

Die Toten stehn auf, der Tag des Gerichts
Ruft sie zu Qual und Vergnügen;
Wir beide bekümmern uns um nichts,
Und bleiben umschlungen liegen.

Ein Jüngling liebt ein Mädchen

Ein Jüngling liebt ein Mädchen,
Die hat einen andern erwählt;
Der andre liebt eine andre,
Und hat sich mit dieser vermählt.

Das Mädchen heiratet aus Ärger
Den ersten besten Mann,
Der ihr in den Weg gelaufen;
Der Jüngling ist übel dran.

Es ist eine alte Geschichte,
Doch bleibt sie immer neu;
Und wem sie just passieret,
Dem bricht das Herz entzwei.

Wenn ich in deine Augen seh

Wenn ich in deine Augen seh,
So schwindet all mein Leid und Weh;
Doch wenn ich küsse deinen Mund,
So werd ich ganz und gar gesund.

Wenn ich mich lehn an deine Brust,
Kommt's über mich wie Himmelslust;
Doch wenn du sprichst: »Ich liebe dich!«
So muß ich weinen bitterlich.

Worte! Worte! Keine Taten!

Worte! Worte! keine Taten!
Niemals Fleisch, geliebte Puppe,
Immer Geist und keinen Braten,
Keine Knödel in der Suppe!

Doch vielleicht ist dir zuträglich
Nicht die wilde Lendenkraft,
Welche galoppieret täglich
Auf dem Roß der Leidenschaft.

Ja, ich fürchte fast, es riebe,
Zartes Kind, dich endlich auf
Jene wilde Jagd der Liebe,
Amors Steeple-chase-Wettlauf.

Viel gesünder, glaub ich schier,
Ist für dich ein kranker Mann
Als Liebhaber, der gleich mir
Kaum ein Glied bewegen kann.

Deshalb unsrem Herzensbund,
Liebste, widme deine Triebe;
Solches ist dir sehr gesund,
Eine Art Gesundheitsliebe.

EDUARD MÖRIKE
(1804–1875)

Peregrina

I

Der Spiegel dieser treuen braunen Augen
Ist wie von innerm Gold ein Widerschein;
Tief aus dem Busen scheint er's anzusaugen,
Dort mag solch Gold in heil'gem Gram gedeihn.
In diese Nacht des Blickes mich zu tauchen,
Unwissend Kind, du selber lädst mich ein –
Willst, ich soll kecklich mich und dich entzünden,
Reichst lächelnd mir den Tod im Kelch der Sünden!

II

Aufgeschmückt ist der Freudensaal:
Lichterhell, bunt in laulicher Sommernacht
Stehet das offene Gartengezelte;
Säulengleich steigen, gepaart,
Grünumranket, eherne Schlangen,
Zwölf, mit verschlungenen Hälsen,
Tragend und stützend das
Leicht gegitterte Dach.

Aber die Braut noch wartet verborgen
In dem Kämmerlein ihres Hauses.
Endlich bewegt sich der Zug der Hochzeit,
Fackeln tragend,
Feierlich stumm.
Und in der Mitte,
Mich an der rechten Hand,
Schwarz gekleidet, geht einfach die Braut;
Schöngefaltet ein Scharlachtuch
Liegt um den zierlichen Kopf geschlagen.
Lächelnd geht sie dahin; das Mahl schon duftet.

Später im Lärmen des Fests
Stahlen wir seitwärts uns beide
Weg, nach den Schatten des Gartens wandelnd,
Wo im Gebüsche die Rosen brannten,
Wo der Mondstrahl um Lilien zuckte,
Wo die Weymouthsfichte mit schwarzem Haar
Den Spiegel des Teiches halb verhängt.

Auf seidnem Rasen dort, ach, Herz am Herzen,
Wie verschlangen, erstickten meine Küsse den scheueren
                                                    Kuß!
Indes der Springquell, unteilnehmend
An überschwenglicher Liebe Geflüster,
Sich ewig des eigenen Plätscherns freute;
Uns aber neckten von fern und lockten
Freundliche Stimmen,
Flöten und Saiten umsonst.

Ermüdet lag, zu bald für mein Verlangen,
Das leichte, liebe Haupt auf meinem Schoß.
Spielender Weise mein Aug' auf ihres drückend,
Fühlt' ich ein Weilchen die langen Wimpern,
Bis der Schlaf sie stellte,
Wie Schmetterlingsgefieder auf und nieder gehn.
Eh' das Frührot schien,
Eh' das Lämpchen erlosch im Brautgemache,
Weckt' ich die Schläferin,
Führte das seltsame Kind in mein Haus ein.

III
Ein Irrsal kam in die Mondscheingärten
Einer einst heiligen Liebe.
Schaudernd entdeckt' ich verjährten Betrug.
Und mit weinendem Blick, doch grausam,
Hieß ich das schlanke,
Zauberhafte Mädchen
Ferne gehen von mir.
Ach, ihre hohe Stirn
War gesenkt, denn sie liebte mich;
Aber sie zog mit Schweigen
Fort in die graue
Welt hinaus.

Krank seitdem,
Wund ist und wehe mein Herz.
Nimmer wird es genesen!

Als ginge, luftgesponnen, ein Zauberfaden
Von ihr zu mir, ein ängstig Band,
So zieht es, zieht mich schmachtend ihr nach!
– Wie? wenn ich eines Tags auf meiner Schwelle
Sie sitzen fände, wie einst, im Morgen-Zwielicht,
Das Wanderbündel neben ihr,
Und ihr Auge, treuherzig zu mir aufschauend,
Sagte: da bin ich wieder
Hergekommen aus weiter Welt!

IV
Warum, Geliebte, denk' ich dein
Auf einmal nun mit tausend Tränen,
Und kann gar nicht zufrieden sein,
Und will die Brust in alle Weite dehnen?

Ach, gestern in dem hellen Kindersaal,
Beim Flimmer zierlich aufgesteckter Kerzen,
Wo ich mein selbst vergaß in Lärm und Scherzen,
Tratst du, o Bildnis mitleid-schöner Qual;
Es war dein Geist, er setzte sich ans Mahl,
Fremd saßen wir mit stumm verhalt'nen Schmerzen;
Zuletzt brach ich in lautes Schluchzen aus,
Und Hand in Hand verließen wir das Haus.

V
Die Liebe, sagt man, steht am Pfahl gebunden,
Geht endlich arm, zerrüttet, unbeschuht;
Dies edle Haupt hat nicht mehr, wo es ruht,
Mit Tränen netzet sie der Füße Wunden.

Ach, Peregrinen hab' ich so gefunden!
Schön war ihr Wahnsinn, ihrer Wange Glut,
Noch scherzend in der Frühlingsstürme Wut
Und wilde Kränze in das Haar gewunden.

War's möglich, solche Schönheit zu verlassen?
– So kehrt nur reizender das alte Glück!
O komm, in diese Arme dich zu fassen!

Doch weh! o weh! was soll mir dieser Blick?
Sie küßt mich zwischen Lieben noch und Hassen,
Sie kehrt sich ab und kehrt mir nie zurück.

Nimmersatte Liebe

So ist die Lieb'! So ist die Lieb'!
Mit Küssen nicht zu stillen!
Wer ist der Tor und will ein Sieb
Mit eitel Wasser füllen?
Und schöpfst du an die tausend Jahr'
Und küssest ewig, ewig gar,
Du tust ihr nie zu Willen.

Die Lieb', die Lieb' hat alle Stund'
Neu wunderlich Gelüsten;
Wir bissen uns die Lippen wund,
Da wir uns heute küßten.
Das Mädchen hielt in guter Ruh',
Wie's Lämmlein unterm Messer;
Ihr Auge bat: »Nur immer zu!
Je weher, desto besser!«

So ist die Lieb'! und war auch so,
Wie lang' es Liebe gibt,
Und anders war Herr Salomo,
Der Weise, nicht verliebt.

An Luise

Wahr ist's, mein Kind, wo ich bei dir nicht bin,
geleitet Sehnsucht alle meine Wege,
zu Berg und Wald, durch einsame Gehege
treibt mich ein irrer, ungeduld'ger Sinn.

In deinen Arm! O seliger Gewinn!
Doch wird auch hier die alte Wehmut rege,
ich schwindle trunken auf dem Himmelsstege,
die Gegenwart flieht taumelnd vor mir hin.

So denk ich oft: dies schnell bewegte Herz,
vom Überglück der Liebe stets beklommen,
wird wohl auf Erden nie zur Ruhe kommen;

im ew'gen Lichte löst sich jeder Schmerz,
und all die schwülen Leidenschaften fließen
wie ros'ge Wolken, träumend, uns zu Füßen!

FRIEDRICH HEBBEL
(1813–1863)

Ich und du

Wir träumten voneinander
Und sind davon erwacht,
Wir leben, um uns zu lieben,
Und sinken zurück in die Nacht.

Du tratst aus meinem Traume,
Aus deinem trat ich hervor,
Wir sterben, wenn sich eines
Im andern ganz verlor.

Auf einer Lilie zittern
Zwei Tropfen, rein und rund,
Zerfließen in eins und rollen
Hinab in des Kelches Grund.

NIKOLAUS LENAU
(1802–1850)

Schilflieder

I
Drüben geht die Sonne scheiden,
Und der müde Tag entschlief.
Niederhangen hier die Weiden
In den Teich, so still, so tief.

Und ich muß mein Liebstes meiden:
Quill, o Träne, quill hervor!
Traurig säuseln hier die Weiden,
Und im Winde bebt das Rohr.

In mein stilles, tiefes Leiden
Strahlst du, Ferne! hell und mild,
Wie durch Binsen hier und Weiden
Strahlt des Abendsternes Bild.

II
Trübe wird's, die Wolken jagen,
Und der Regen niederbricht,
Und die lauten Winde klagen:
»Teich, wo ist dein Sternenlicht?«

Suchen den erloschnen Schimmer
Tief im aufgewühlten See.
Deine Liebe lächelt nimmer,
Nieder in mein tiefes Weh!

III
Auf geheimem Waldespfade
Schleich' ich gern im Abendschein
An das öde Schilfgestade,
Mädchen, und gedenke dein!

Wenn sich dann der Busch verdüstert,
Rauscht das Rohr geheimnisvoll,
Und es klaget und es flüstert,
Daß ich weinen, weinen soll.

Und ich mein', ich höre wehen
Leise deiner Stimme Klang,
Und im Weiher untergehen
Deinen lieblichen Gesang.

IV
Sonnenuntergang;
Schwarze Wolken ziehn,
O wie schwül und bang
Alle Winde fliehn!

Durch den Himmel wild
Jagen Blitze, bleich;
Ihr vergänglich Bild
Wandelt durch den Teich.

Wie gewitterklar
Mein' ich dich zu sehn,
Und dein langes Haar
Frei im Sturme wehn!

V
Auf dem Teich, dem regungslosen,
Weilt des Mondes holder Glanz,
Flechtend seine bleichen Rosen
In des Schilfes grünen Kranz.

Hirsche wandeln dort am Hügel,
Blicken in die Nacht empor;
Manchmal regt sich das Geflügel
Träumerisch im tiefen Rohr.

Weinend muß mein Blick sich senken;
Durch die tiefste Seele geht
Mir ein süßes Deingedenken,
Wie ein stilles Nachtgebet!

THEODOR STORM
(1817–1888)

Wer je gelebt in Liebesarmen

Wer je gelebt in Liebesarmen,
Der kann im Leben nie verarmen;
Und müßt er sterben fern, allein,
Er fühlte noch die sel'ge Stunde,
Wo er gelebt an ihrem Munde,
Und noch im Tode ist sie sein.

Dämmerstunde

Im Nebenzimmer saßen ich und du;
Der Abendschimmer fiel durch die Gardinen,
Die fleißigen Hände fügten sich der Ruh,
Von rothem Licht war deine Stirn beschienen.

Wir schwiegen Beid' – ich wußte mir kein Wort,
Das in der Stunde Zauber mochte taugen;
Nur nebenan die Alten schwatzten fort –
Du sahst mich an mit deinen Mährchenaugen.

Über die Heide

Über die Heide hallet mein Schritt;
Dumpf aus der Erde wandert es mit.

Herbst ist gekommen, Frühling ist weit –
Gab es denn einmal selige Zeit?

Brauende Nebel geisten umher;
Schwarz ist das Kraut und der Himmel so leer.

Wär ich hier nur nicht gegangen im Mai!
Leben und Liebe – wie flog es vorbei!

Die Nachtigall

Das macht, es hat die Nachtigall
Die ganze Nacht gesungen;
Da sind von ihrem süßen Schall,
Da sind in Hall und Widerhall
Die Rosen aufgesprungen.

Sie war doch sonst ein wildes Kind;
Nun geht sie tief in Sinnen,
Trägt in der Hand den Sommerhut
Und duldet still der Sonne Glut
Und weiß nicht, was beginnen.

Das macht, es hat die Nachtigall
Die ganze Nacht gesungen;
Da sind von ihrem süßen Schall,
Da sind in Hall und Widerhall
Die Rosen aufgesprungen.

THEODOR FONTANE
(1819–1898)

Im Garten

Die hohen Himbeerwände
trennten dich und mich,
doch im Laubwerk unsre Hände
fanden von selber sich.

Die Hecke konnt' es nicht wehren,
wie hoch sie immer stund:
Ich reichte dir die Beeren,
und du reichtest mir deinen Mund.

Ach, schrittest du durch den Garten
noch einmal im raschen Gang,
wie gerne wollt' ich warten,
warten stundenlang.

CONRAD FERDINAND MEYER
(1825–1898)

Stapfen

In jungen Jahren wars. Ich brachte dich
Zurück ins Nachbarhaus, wo du zu Gast,
Durch das Gehölz. Der Nebel rieselte,
Du zogst des Reisekleids Kapuze vor
Und blicktest traulich mit verhüllter Stirn.
Naß ward der Pfad. Die Sohlen prägten sich
Dem feuchten Waldesboden deutlich ein,
Die wandernden. Du schrittest auf dem Bord,
Von deiner Reise sprechend. Eine noch,
Die längre, folge drauf, so sagtest du.
Dann scherzten wir, der nahen Trennung klug
Das Angesicht verhüllend, und du schiedst,
Dort wo der First sich über Ulmen hebt.
Ich ging denselben Pfad gemach zurück,
Leis schwelgend noch in deiner Lieblichkeit,
In deiner wilden Scheu, und wohlgemut
Vertrauend auf ein baldig Wiedersehn.
Vergnüglich schlendernd, sah ich auf dem Rain
Den Umriß deiner Sohlen deutlich noch
Dem feuchten Waldesboden eingeprägt,
Die kleinste Spur von dir, die flüchtigste,
Und doch dein Wesen: wandernd, reisehaft,
Schlank, rein, walddunkel, aber o wie süß!
Die Stapfen schritten jetzt entgegen dem
Zurück dieselbe Strecke Wandernden:

Aus deinen Stapfen hobst du dich empor
Vor meinem innern Auge. Deinen Wuchs
Erblickt ich mit des Busens zartem Bug.
Vorüber gingst du, eine Traumgestalt.
Die Stapfen wurden jetzt undeutlicher,
Vom Regen halb gelöscht, der stärker fiel.
Da überschlich mich eine Traurigkeit:
Fast unter meinem Blick verwischten sich
Die Spuren deines letzten Gangs mit mir.

DETLEV VON LILIENCRON
(1844–1909)

Einen Sommer lang

Zwischen Roggenfeld und Hecken
Führt ein schmaler Gang,
Süßes, seliges Verstecken
Einen Sommer lang.

Wenn wir uns von ferne sehen,
Zögert sie den Schritt,
Rupft ein Hälmchen sich im Gehen,
Nimmt ein Blättchen mit.

Hat mit Ähren sich das Mieder
Unschuldig geschmückt,
Sich den Hut verlegen nieder
In die Stirn gerückt.

Finster kommt sie langsam näher,
Färbt sich rot wie Mohn,
Doch ich bin ein feiner Späher,
Kenn die Schelmin schon.

Noch ein Blick in Weg und Weite,
Ruhig liegt die Welt,
Und es hat an ihre Seite
Mich der Sturm gesellt.

Der Handkuß

Viere lang,
Zum Empfang,
Vorne Jean,
Elegant,
Fährt meine süße Lady.

Schilderhaus,
Wache raus.
Schloßportal,
Und im Saal
Steht meine süße Lady.

Hofmarschall,
Pagenwall.
Sehr graziös,
Merveillös
Knixt meine süße Lady.

Königin,
Hoher Sinn.
Ihre Hand,
Interessant,
Küßt meine süße Lady.

Viere lang,
Vom Empfang,
Vorne Jean,
Elegant,
Kommt meine süße Lady.

Nun wie war's
Heut bei Czars?
Ach, ich bin
Noch ganz hin,
Haucht meine süße Lady.

Nach und nach,
Allgemach,
Ihren Mann
Wieder dann
Kennt meine süße Lady.

Glückes genug

Wenn sanft du mir im Arme schliefst,
ich deinen Atem hören konnte,
im Traum du meinen Namen riefst,
um deinen Mund ein Lächeln sonnte –
Glückes genug.

Und wenn nach heißem, ernstem Tag
du mir verscheuchtest schwere Sorgen,
wenn ich an deinem Herzen lag
und nicht mehr dachte an ein Morgen –
Glückes genug.

Früh am Tage

In der Fensterluken schmale Ritzen
klemmt der Morgen seine Fingerspitzen.
Kann von meinem Mädchen mich nicht trennen,
muß mit tausend Schmeichelnamen sie benennen.

Drängt die liebe Kleine nach der Türe,
halt ich sie durch tausend Liebesschwüre.
Muß ich leider endlich selber treiben,
fällt sie wortlos um den Hals mir, möchte bleiben.

Liebster, so, nun laß mich, laß mich gehen.
Doch im Gehen bleibt sie zögernd stehen.
Noch ein letztes Horchen, letzte Winke,
und dann faßt und drückt sie leise, leis die Klinke.

Barfuß schleicht sie, daß sie keiner spüre,
und ich schließe sachte, sacht die Türe,
öffne leise, leise dann die Luken,
in die frische, schöne Morgenwelt zu gucken.

RICARDA HUCH
(1864–1947)

Was für ein Feuer, o was für ein Feuer
Warf in den Busen mir der Liebe Hand!
Schon setzt es meinen zarten Leib in Brand
Und wächst an deiner Brust doch ungeheuer.
Zwei Fackeln lodern nun in eins zusammen:
Die Augen, die mich anschaun, sind zwei Kerzen,
Die Lippen, die mich küssen, sind zwei Flammen,
Die Sonne selbst halt ich an meinem Herzen.

Uralter Worte kundig kommt die Nacht;
Sie löst den Dingen Rüstung ab und Bande,
Sie wechselt die Gestalten und Gewande
Und hüllt den Streit in gleiche braune Tracht.

Da rührt das steinerne Gebirg sich sacht
Und schwillt wie Meer hinüber in die Lande.
Der Abgrund kriecht verlangend bis zum Rande
Und trinkt der Sterne hingebeugte Pracht.

Ich halte dich und bin von dir umschlossen,
Erschöpfte Wandrer wiederum zu Haus;
So fühl ich dich in Fleisch und Blut gegossen,

Von deinem Leib und Leben meins umkleidet.
Die Seele ruht von langer Sehnsucht aus,
Die eins vom andern nicht mehr unterscheidet.

WILHELM BUSCH
(1832–1908)

Die Liebe war nicht geringe

Die Liebe war nicht geringe.
Sie wurden ordentlich blaß;
Sie sagten sich tausend Dinge
Und wußten noch immer was.

Sie mußten sich lange quälen,
Doch schließlich kam's dazu,
Daß sie sich konnten vermählen.
Jetzt haben die Seelen Ruh.

FRANK WEDEKIND
(1864–1918)

Ilse

Ich war ein Kind von fünfzehn Jahren,
Ein reines unschuldsvolles Kind,
Als ich zum erstenmal erfahren,
Wie süß der Liebe Freuden sind.

Er nahm mich um den Leib und lachte
Und flüsterte: o welch ein Glück!
Und dabei bog er sachte, sachte
Den Kopf mir auf das Pfühl zurück.

Seit jenem Tag lieb ich sie alle,
Des Lebens schönster Lenz ist mein,
Und wenn ich keinem mehr gefalle,
Dann will ich gern begraben sein.

STEFAN GEORGE
(1868–1933)

Ich darf so lange nicht am tore lehnen
Zum garten durch das gitter schaun
Ich höre einer flöte fernes sehnen
Im schwarzen lorbeer lacht ein faun.

So oft ich dir am roten turm begegne
Du lohnest nie mich mit gelindrem tritt
Du weisst nicht wie ich diese stunde segne
Und traurig bin da sie entglitt.

Ich leugne was ich selber mir verheissen
Auch wir besitzen einen alten ruhm
Kann ich mein tuch von haar und busen reissen
Und büssen mit verfrühtem witwentum?

O mög er ahnen meiner lippe gaben
– Ich ahnte sie seit er als traum erschien –
Die oleander die in duft begraben
Und andre leise schmeichelnd wie jasmin.

Ich darf so lange nicht am tore lehnen
Zum garten durch das gitter schaun
Ich höre einer flöte fernes sehnen
Im schwarzen lorbeer lacht ein faun.

Wenn ich heut nicht deinen leib berühre
Wird der faden meiner seele reissen
Wie zu sehr gespannte sehne.
Liebe zeichen seien trauerflöre
Mir der leidet seit ich dir gehöre.
Richte ob mir solche qual gebühre
Kühlung sprenge mir dem fieberheissen
Der ich wankend draussen lehne.

ELSE LASKER-SCHÜLER
(1869–1945)

Mein Liebeslied

Wie ein heimlicher Brunnen
Murmelt mein Blut,
Immer von dir, immer von mir.

Unter dem taumelnden Mond
Tanzen meine nackten, suchenden Träume,
Nachtwandelnde Kinder,
Leise über düstere Hecken.

O, deine Lippen sind sonnig ...
Diese Rauschedüfte deiner Lippen ...
Und aus blauen Dolden silberumringt
Lächelst du ... du, du.

Immer das schlängelnde Geriesel
Auf meiner Haut
Über die Schulter hinweg
Ich lausche ...

Wie ein heimlicher Brunnen
Murmelt mein Blut.

Abschied

Aber du kamst nie mit dem Abend –
Ich saß im Sternenmantel.

… Wenn es an mein Haus pochte,
War es mein eigenes Herz.

Das hängt nun an jedem Türpfosten,
Auch an deiner Tür;

Zwischen Farren verlöschende Feuerrose
Im Braun der Guirlande.

Ich färbte dir den Himmel brombeer
Mit meinem Herzblut.

Aber du kamst nie mit dem Abend –
… Ich stand in goldenen Schuhen.

In deinen Augen

Blau wird es in deinen Augen –
aber warum zittert all mein Herz
vor deinen Himmeln?

Nebel liegt auf meiner Wange
und mein Herz beugt sich zum Untergange.

CHRISTIAN MORGENSTERN
(1871–1914)

Schauder

Jetzt bist du da, dann bist du dort.
Jetzt bist du nah, dann bist du fort.
Kannst du's fassen? Und über eine Zeit
gehen wir beide die Ewigkeit
dahin-dorthin. Und was blieb? …
Komm, schließ die Augen, und hab mich lieb!

Du bist mein Land

Du bist mein Land,
ich deine Flut,
die sehnend dich ummeeret;
du bist der Strand,
dazu mein Blut
ohn' Ende wiederkehret.

An dich geschmiegt,
mein Spiegel wiegt
das Licht der tausend Sterne;
und leise rollt
dein Muschelgold
in meine Meeresgrundferne.

Liebeslied

Ich bin eine Harfe
Mit goldenen Saiten,
Auf einsamem Gipfel
Über die Fluren
Erhöht.

Du lass die Finger leise
Und sanft darübergleiten,
Und Melodieen werden
Aufraunen und aufrauschen,
Wie nie noch Menschen hörten.
Das wird ein heilig Klingen
Über den Landen sein.

Ich bin eine Harfe
Mit goldenen Saiten,
Auf einsamem Gipfel
Über die Fluren
Erhöht,
Und harre Deiner,
Oh Priesterin!
Dass meine Geheimnisse
Aus mir brechen.

Und meine Tiefen
Zu reden beginnen
Und wie ein Mantel
Meine Töne
Um Dich fallen –
Ein Purpurmantel
Der Unsterblichkeit.

Es ist Nacht

Es ist Nacht,
und mein Herz kommt zu dir,
hält's nicht aus,
hält's nicht aus mehr bei mir.

Legt sich dir auf die Brust,
wie ein Stein,
sinkt hinein,
zu dem deinen hinein.

Dort erst,
dort erst kommt es zur Ruh,
liegt am Grund
seines ewigen Du.

HUGO VON HOFMANNSTHAL
(1874–1929)

Weltgeheimnis

Der tiefe Brunnen weiß es wohl,
Einst waren alle tief und stumm,
Und alle wußten drum.

Wie Zauberworte, nachgelallt
Und nicht begriffen in den Grund,
So geht es jetzt von Mund zu Mund.

Der tiefe Brunnen weiß es wohl;
In den gebückt, begriffs ein Mann,
Begriff es und verlor es dann.

Und redet' irr und sang ein Lied –
Auf dessen dunklen Spiegel bückt
Sich einst ein Kind und wird entrückt.

Und wächst und weiß nichts von sich selbst
Und wird ein Weib, das einer liebt
Und – wunderbar wie Liebe gibt!

Wie Liebe tiefe Kunde gibt! –
Da wird an Dinge, dumpf geahnt,
In ihren Küssen tief gemahnt …

In unsern Worten liegt es drin,
So tritt des Bettlers Fuß den Kies,
Der eines Edelsteins Verlies.

Der tiefe Brunnen weiß es wohl,
Einst aber wußten alle drum,
Nun zuckt im Kreis ein Traum herum.

Dein Antlitz

Dein Antlitz war mit Träumen ganz beladen.
Ich schwieg und sah dich an mit stummem Beben.
Wie stieg das auf! daß ich mich einmal schon
In frühern Nächten völlig hingegeben

Dem Mond und dem zuviel geliebten Tal,
Wo auf den leeren Hängen auseinander
Die magern Bäume standen und dazwischen
Die niedern kleinen Nebelwolken gingen

Und durch die Stille hin die immer frischen
Und immer fremden silberweißen Wasser
Den Fluß hinrauschen ließ – wie stieg das auf!

Wie stieg das auf! denn allen diesen Dingen
Und ihrer Schönheit – die unfruchtbar war –
Hingab ich mich in großer Sehnsucht ganz,
Wie jetzt für das Anschaun von deinem Haar
Und zwischen diesen Lidern diesem Glanz!

AUGUST STRAMM
(1874–1915)

Trieb

Schrecken Sträuben
Wehren Ringen
Ächzen Schluchzen
Stürzen
Du!
Grellen Gehren
Winden Klammern
Hitzen Schwächen
Ich und Du!
Lösen Gleiten
Stöhnen Wellen
Schwinden Finden
Ich
Dich
Du!

RAINER MARIA RILKE
(1875–1926)

Die Liebende

Ja ich sehne mich nach dir. Ich gleite
mich verlierend selbst mir aus der Hand, –
ohne Hoffnung, daß ich Das bestreite,
was zu mir kommt wie aus deiner Seite
ernst und unbeirrt und unverwandt.

… jene Zeiten: O wie war ich Eines,
nichts was rief und nichts was mich verriet;
meine Stille war wie eines Steines,
über den der Bach sein Murmeln zieht.

Aber jetzt in diesen Frühlingswochen
hat mich etwas langsam abgebrochen
von dem unbewußten dunkeln Jahr.
Etwas hat mein armes warmes Leben
irgendeinem in die Hand gegeben,
der nicht weiß was ich noch gestern war.

Liebes-Lied

Wie soll ich meine Seele halten, daß
sie nicht an deine rührt? Wie soll ich sie
hinheben über dich zu andern Dingen?
Ach gerne möcht ich sie bei irgendwas
Verlorenem im Dunkel unterbringen
an einer fremden stillen Stelle, die
nicht weiterschwingt, wenn deine Tiefen schwingen.
Doch alles, was uns anrührt, dich und mich,
nimmt uns zusammen wie ein Bogenstrich,
der aus zwei Saiten *eine* Stimme zieht.
Auf welches Instrument sind wir gespannt?
Und welcher Geiger hat uns in der Hand?
O süßes Lied.

Östliches Taglied

Ist dieses Bette nicht wie eine Küste,
ein Küstenstreifen nur, darauf wir liegen?
Nichts ist gewiß als deine hohen Brüste,
die mein Gefühl in Schwindeln überstiegen.

Denn diese Nacht, in der so vieles schrie,
in der sich Tiere rufen und zerreißen,
ist sie uns nicht entsetzlich fremd? Und wie:
was draußen langsam anhebt, Tag geheißen,
ist das uns denn verständlicher als sie?

Man müßte so sich ineinanderlegen
wie Blütenblätter um die Staubgefäße:
so sehr ist überall das Ungemäße
und häuft sich an und stürzt sich uns entgegen.

Doch während wir uns aneinander drücken,
um nicht zu sehen, wie es ringsum naht,
kann es aus dir, kann es aus mir sich zücken:
denn unsre Seelen leben von Verrat.

»An Lou Andreas-Salomé«

I
Ich hielt mich überoffen, ich vergaß,
daß draußen nicht nur Dinge sind und voll
in sich gewohnte Tiere, deren Aug
aus ihres Lebens Rundung anders nicht
hinausreicht als ein eingerahmtes Bild;
daß ich in mich mit allem immerfort
Blicke hineinriß: Blicke, Meinung, Neugier.

Wer weiß, es bilden Augen sich im Raum
und wohnen bei. Ach nur zu dir gestürzt,
ist mein Gesicht nicht ausgestellt, verwächst
in dich und setzt sich dunkel
unendlich fort in dein geschütztes Herz.

II
Wie man ein Tuch vor angehäuften Atem,
nein: wie man es an eine Wunde preßt,
aus der das Leben ganz, in einem Zug,
hinauswill, hielt ich dich an mich: ich sah,
du wurdest rot von mir. Wer spricht es aus,
was uns geschah? Wir holten jedes nach,
wozu die Zeit nie war. Ich reifte seltsam
in jedem Antrieb übersprungner Jugend,
und du, Geliebte, hattest irgendeine
wildeste Kindheit über meinem Herzen.

III
Entsinnen ist da nicht genug, es muß
von jenen Augenblicken pures Dasein
auf meinem Grunde sein, ein Niederschlag
der unermeßlich überfüllten Lösung.
Denn ich *gedenke* nicht, das, was ich *bin*
rührt mich um deinetwillen. Ich erfinde
dich nicht an traurig ausgekühlten Stellen,
von wo du wegkamst; selbst, daß du nicht da bist,
ist warm von dir wirklicher und mehr
als ein Entbehren. Sehnsucht geht zu oft
ins Ungenaue. Warum soll ich mich
auswerfen, während mir vielleicht dein Einfluß
leicht ist, wie Mondschein einem Platz am Fenster.

Wir, in den ringenden Nächten,
wir fallen von Nähe zu Nähe;
und wo die Liebende taut,
sind wir ein stürzender Stein.

»Lied«

Du, der ichs nicht sage, daß ich bei Nacht
weinend liege,
deren Wesen mich müde macht
wie eine Wiege.
Du, die mir nicht sagt, wenn sie wacht
meinetwillen:
wie, wenn wir diese Pracht
ohne zu stillen
in uns ertrügen?

Sieh dir die Liebenden an,
wenn erst das Bekennen begann,
wie bald sie lügen.

Du machst mich allein. Dich einzig kann ich vertauschen.
Eine Weile bist dus, dann wieder ist es das Rauschen,
oder es ist ein Duft ohne Rest.
Ach, in den Armen hab ich sie alle verloren,
du nur, du wirst immer wieder geboren:
weil ich niemals dich anhielt, halt ich dich fest.

HERMANN HESSE
(1877–1962)

Liebe

Wieder will mein froher Mund begegnen
Deinen Lippen, die mich küssend segnen,
Deine lieben Finger will ich halten
Und in meine Finger spielend falten,
Meinen Blick an deinem dürstend füllen,
Tief mein Haupt in deine Haare hüllen,
Will mit immerwachen jungen Gliedern
Deiner Glieder Regung treu erwidern
Und aus immer neuen Liebesfeuern
Deine Schönheit tausendmal erneuern,
Bis wir ganz gestillt und dankbar beide
Selig wohnen über allem Leide,
Bis wir Tag und Nacht und Heut und Gestern
Wunschlos grüßen als geliebte Schwestern,
Bis wir über allem Tun und Handeln
Als Verklärte ganz im Frieden wandeln.

Weil ich dich liebe

Weil ich dich liebe, bin ich des Nachts
So wild und flüsternd zu dir gekommen,
Und daß du mich nimmer vergessen kannst,
Hab ich deine Seele mit mir genommen.

Sie ist nun bei mir und gehört mir ganz
Im Guten und auch im Bösen;
Von meiner wilden, brennenden Liebe
Kann dich kein Engel erlösen.

Bitte

Wenn du die kleine Hand mir gibst,
Die so viel Ungesagtes sagt,
Hab ich dich jemals dann gefragt,
Ob du mich liebst?

Ich will ja nicht, daß du mich liebst,
Will nur, daß ich dich nahe weiß
Und daß du manchmal stumm und leis
Die Hand mir gibst.

Im Nebel

Seltsam, im Nebel zu wandern!
Einsam ist jeder Busch und Stein,
Kein Baum sieht den andern,
Jeder ist allein.

Voll von Freunden war mir die Welt,
Als noch mein Leben licht war;
Nun, da der Nebel fällt,
Ist keiner mehr sichtbar.

Wahrlich, keiner ist weise,
Der nicht das Dunkel kennt,
Das unentrinnbar und leise
Von allen ihn trennt.

Seltsam, im Nebel zu wandern!
Leben ist Einsamsein.
Kein Mensch kennt den andern,
Jeder ist allein.

ERNST STADLER
(1883–1914)

In diesen Nächten

In diesen Nächten friert mein Blut nach deinem Leib,
                                                    Geliebte.
O, meine Sehnsucht ist wie dunkles Wasser aufgestaut vor
                                                    Schleusentoren,
In Mittagsstille hingelagert reglos lauernd,
Begierig, auszubrechen. Sommersturm,
Der schwer im Hinterhalt geladner Wolken hält. Wann
                                                    kommst du, Blitz,
Der ihn entfacht, mit List befrachtet, Fähre,
Die weit der Wehre starre Schenkel von sich sperrt? Ich will
Dich zu mir in die Kissen tragen sowie Garben jungen Klees
in aufgelockert Land. Ich bin der Gärtner,
Der weich dich niederbettet. Wolke, die
Dich übersprengt, und Luft, die dich umschließt.
In deine Erde will ich meine irre Glut vergraben und
Sehnsüchtig blühend über deinem Leibe auferstehn.

OSKAR LOERKE
(1884–1941)

Nachtmusik

Laub kam von den Bäumen
Meine Schulter betupfen,
Nicht du.
Schaum kam ans Ufer
Und wollte mein Schuhband zupfen,
Nicht du.
Sonne von gestern kam aus den Rosen,
In meinen Augen zu wohnen,
Nicht du.
Sternschnuppen hängen, wehende Schleifen,
Aus der Vergängnis Erntekronen,
Auch du.

JOACHIM RINGELNATZ
(1883–1934)

Ich habe dich so lieb

Ich habe dich so lieb!
Ich würde dir ohne Bedenken
Eine Kachel aus meinem Ofen
Schenken.

Ich habe dir nichts getan.
Nun ist mir traurig zu Mut.
An den Hängen der Eisenbahn
Leuchtet der Ginster so gut.

Vorbei – verjährt –
Doch nimmer vergessen.
Ich reise.
Alles, was lange währt,
Ist leise.

Die Zeit entstellt
Alle Lebewesen.
Ein Hund bellt.
Er kann nicht lesen.
Er kann nicht schreiben.
Wir können nicht bleiben.

Ich lache.
Die Löcher sind die Hauptsache
An einem Sieb.

Ich habe dich so lieb.

Ferngruß von Bett zu Bett

Wie ich bei dir gelegen
Habe im Bett, weißt du es noch?
Weißt du noch, wie verwegen
Die Lust uns stand? Und wie es roch?

Und all die seidenen Kissen
Gehörten deinem Mann.
Doch uns schlug kein Gewissen.
Gott weiß, wie redlich untreu
Man sein kann.

Weißt du noch, wie wir's trieben,
Was nie geschildert werden darf?
Heiß, frei, besoffen, fromm und scharf.
Weißt du, daß wir uns liebten?
Und noch lieben?

Man liebt nicht oft in solcher Weise.
Wie fühlvoll hat dein spitzer Hund bewacht.
Ja unser Glück war ganz und rasch und leise.
Nun bist du fern.
Gute Nacht.

GOTTFRIED BENN
(1886–1956)

Mann und Frau gehn durch die Krebsbaracke

Der Mann:
Hier diese Reihe sind zerfallene Schöße
und diese Reihe ist zerfallene Brust.
Bett stinkt bei Bett. Die Schwestern wechseln stündlich.

Komm, hebe ruhig diese Decke auf.
Sieh, dieser Klumpen Fett und faule Säfte,
das war einst irgendeinem Mann groß
und hieß auch Rausch und Heimat.

Komm, sieh auf diese Narbe an der Brust.
Fühlst du den Rosenkranz von weichen Knoten?
Fühl ruhig hin. Das Fleisch ist weich und schmerzt nicht.

Hier diese blutet wie aus dreißig Leibern.
Kein Mensch hat so viel Blut.
Hier dieser schnitt man
erst noch ein Kind aus dem verkrebsten Schoß.

Man läßt sie schlafen. Tag und Nacht. – Den Neuen
sagt man: hier schläft man sich gesund. – Nur sonntags
für den Besuch läßt man sie etwas wacher.

Nahrung wird wenig noch verzehrt. Die Rücken
sind wund. Du siehst die Fliegen. Manchmal
wäscht sie die Schwester. Wie man Bänke wäscht.
Hier schwillt der Acker schon um jedes Bett.
Fleisch ebnet sich zu Land. Glut gibt sich fort.
Saft schickt sich an zu rinnen. Erde ruft.

Dir auch –:

Dir auch –: tauschen die Nächte
dich in ein dunkleres Du,
Psyche, strömende Rechte
schluchzend dem andern zu,
ist es auch ungeheuer
und du littest genug:
Liebe ist Wein ins Feuer
aus dem Opferkrug.

Selbst du beugst dich und jeder
meint, hier sei es vollbracht,
ach, in Schattengeäder
flieht auch deine, die Nacht,
wohl den Lippen, den Händen
glühst du das reinste Licht,
doch die Träume vollenden
können wir nicht.

Nur die Stunden, die Nächte,
wo dein Atem erwacht,
Psyche, strömende Rechte,
tiefe tauschende Nacht,
ach, es ist ungeheuer,
ach, es ist nie genug
von deinem Wein im Feuer
aus dem Opferkrug.

GEORG HEYM
(1887–1912)

Abends

Es ist ganz dunkel. Und die Küsse fallen
Wie heißer Tau im dämmernden Gemach.
Der Wollust Fackeln brennen auf und wallen
Mit roter Glut dem dunklen Abend nach.

Das Fieber jagt ihr Blut mit weißem Brand,
Daß sie sich halb schon seinem Durst gewährt.
Sie bebt auf seinem Schoß, da seine Hand
In ihrem Hemd nach ihren Brüsten fährt.

Hinten, im Vorhang, in der Dunkelheit
Steht auf das Bett, der Hafen ihrer Gier.
Wie Wolken auf dem Meere lagert breit
Darauf der Dunst von schwarzem Elixier.

Wie wird es sein? Sie friert in seinem Arm,
Der ihren nackten Leib hinüberträgt.
Es zittert auf in ihrem Schoße warm,
Um den er wild die beiden Arme schlägt.

Ihr blondes Haar brennt durch die Nacht, darein
Die tiefe Hand des feuchten Dunkels wühlt.
Der Sturm der Wollust läßt sie leise schrein,
Da seinen Biß sie in den Brüsten fühlt.

Deine Wimpern, die langen
An Hildegard K.

Deine Wimpern, die langen,
Deiner Augen dunkele Wasser,
Laß mich tauchen darein,
Laß mich zur Tiefe gehn.

Steigt der Bergmann zum Schacht
Und schwankt seine trübe Lampe
Über der Erze Tor,
Hoch an der Schattenwand,

Sieh, ich steige hinab,
In deinem Schoß zu vergessen,
Fern, was von oben dröhnt,
Helle und Qual und Tag.

An den Feldern verwächst,
Wo der Wind steht, trunken vom Korn,
Hoher Dorn, hoch und krank
Gegen das Himmelsblau.

Gib mir die Hand,
Wir wollen einander verwachsen,
Einem Wind Beute,
Einsamer Vögel Flug,

Hören im Sommer
Die Orgel der matten Gewitter,
Baden in Herbsteslicht,
Am Ufer des blauen Tags.

Manchmal wollen wir stehn
Am Rand des dunkelen Brunnens,
Tief in die Stille zu sehn,
Unsere Liebe zu suchen.

Oder wir treten hinaus
Vom Schatten der goldenen Wälder,
Groß in ein Abendrot,
Das dir berührt sanft die Stirn.

Göttliche Trauer,
Schweige der ewigen Liebe.
Hebe den Krug herauf,
Trinke den Schlaf.

Einmal am Ende zu stehen,
Wo Meer in gelblichen Flecken
Leise schwimmt schon herein
Zu der September Bucht.

Oben zu ruhn
Im Hause der durstigen Blumen,
Über die Felsen hinab
Singt und zittert der Wind.

Doch von der Pappel,
Die ragt im Ewigen Blauen,
Fällt schon ein braunes Blatt,
Ruht auf dem Nacken dir aus.

GEORG TRAKL
(1887–1914)

Der Herbst des Einsamen

Der dunkle Herbst kehrt ein voll Frucht und Fülle,
Vergilbter Glanz von schönen Sommertagen.
Ein reines Blau tritt aus verfallener Hülle;
Der Flug der Vögel tönt von alten Sagen.
Gekeltert ist der Wein, die milde Stille
Erfüllt von leiser Antwort dunkler Fragen.

Und hier und dort ein Kreuz auf ödem Hügel;
Im roten Wald verliert sich eine Herde.
Die Wolke wandert übern Weiherspiegel;
Es ruht des Landmanns ruhige Geberde.
Sehr leise rührt des Abends blauer Flügel
Ein Dach von dürrem Stroh, die schwarze Erde.

Bald nisten Sterne in des Müden Brauen;
In kühle Stuben kehrt ein still Bescheiden
Und Engel treten leise aus den blauen
Augen der Liebenden, die sanfter leiden.
Es rauscht das Rohr; anfällt ein knöchern Grauen,
Wenn schwarz der Tau tropft von den kahlen Weiden.

Traumwandler

Wo bist du, die mir zur Seite ging,
Wo bist du, Himmelsangesicht?
Ein rauher Wind höhnt mir ins Ohr: du Narr!
Ein Traum! Ein Traum! Du Tor!
Und doch, und doch! Wie war es einst,
Bevor ich in Nacht und Verlassenheit schritt?
Weißt du es noch, du Narr, du Tor!
Meiner Seele Echo, der rauhe Wind:
O Narr! O Tor!
Stand sie mit bittenden Händen nicht,
Ein trauriges Lächeln um den Mund,
Und rief in Nacht und Verlassenheit!
Was rief sie nur! Weißt du es nicht?
Wie Liebe klang's. Kein Echo trug
Zu ihr zurück, zu ihr dies Wort.
War's Liebe? Weh, daß ich's vergaß!
Nur Nacht um mich und Verlassenheit,
Und meiner Seele Echo – der Wind!
Der höhnt und höhnt: O Narr! O Tor!

KURT TUCHOLSKY
(1890–1935)

Sehnsucht nach der Sehnsucht

Erst wollte ich mich dir in Keuschheit nahn.
Die Kette schmolz.
Ich bin doch schließlich, schließlich auch ein Mann,
und nicht von Holz.

Der Mai ist da. Der Vogel Pirol pfeift.
Es geht was um.
Und wer sich dies und wer sich das verkneift,
der ist schön dumm.

Und mit der Seelenfreundschaft – liebste Frau,
hier dies Gedicht
zeigt mir und Ihnen treffend und genau:
Es geht ja nicht.

Es geht nicht, wenn die linde Luft weht und
die Amsel singt –
wir brauchen alle einen roten Mund,
der uns beschwingt.

Wir brauchen alle etwas, das das Blut
rasch vorwärts treibt –
es dichtet sich doch noch einmal so gut,
wenn man beweibt.

Doch heller noch tönt meiner Leier Klang,
wenn du versagst,
was ich entbehrte öde Jahre lang –
wenn du nicht magst.

So süß ist keine Liebesmelodie,
so frisch kein Bad,
so freundlich keine kleine Brust wie die,
die man nicht hat.

Die Wirklichkeit hat es noch nie gekonnt,
weil sie nichts hält.
Und strahlend überschleiert mir dein Blond
die ganze Welt.

NELLY SACHS
(1891–1970)

Ich bin meinem Heimatrecht auf der Spur
dieser Geographie nächtlicher Länder
wo die zur Liebe geöffneten Arme
gekreuzigt an den Breitengraden hängen
bodenlos in Erwartung –

Linie wie
lebendiges Haar
gezogen
todnachtgedunkelt
von dir
zu mir.

Gegängelt
außerhalb
bin ich hinübergeneigt
durstend
das Ende der Fernen zu küssen.

Der Abend
wirft das Sprungbrett
der Nacht über das Rot
verlängert deine Landzunge
und ich setze meinen Fuß zagend
auf die zitternde Saite
des schon begonnenen Todes.

Aber so ist die Liebe –

Abgewandt
warte ich auf dich
weit fort von den Lebenden weilst du
oder nahe.

Abgewandt
warte ich auf dich
denn nicht dürfen Freigelassene
mit Schlingen der Sehnsucht
eingefangen werden
noch gekrönt
mit der Krone aus Planetenstaub –

die Liebe ist eine Sandpflanze
die im Feuer dient
und nicht verzehrt wird –

Abgewandt
wartet sie auf dich –

GERTRUD KOLMAR
(1894–1943)

Die Verlassene
An K. J.

Du irrst dich. Glaubst du, daß du fern bist
Und daß ich dürste und dich nicht mehr finden kann?
Ich fasse dich mit meinen Augen an,
Mit diesen Augen, deren jedes finster und ein Stern ist.

Ich zieh dich unter dieses Lid
Und schließ es zu und du bist ganz darinnen.
Wie willst du gehn aus meinen Sinnen,
Dem Jägergarn, dem nie ein Wild entflieht?

Du läßt mich nicht aus deiner Hand mehr fallen
Wie einen welken Strauß,
Der auf die Straße niederweht, vorm Haus
Zertreten und bestäubt von allen.

Ich hab dich liebgehabt. So lieb.
Ich habe so geweint … mit heißen Bitten …
Und liebe dich noch mehr, weil ich um dich gelitten,
Als deine Feder keinen Brief, mir keinen Brief mehr schrieb.

Ich nannte Freund und Herr und Leuchtturmwächter
Auf schmalem Inselstrich,
Den Gärtner meines Früchtegartens dich,
Und waren tausend weiser, keiner war gerechter.

Ich spürte kaum, daß mir der Hafen brach,
Der meine Jugend hielt – und kleine Sonnen,
Daß sie vertropft, in Sand verronnen.
Ich stand und sah dir nach.

Dein Durchgang blieb in meinen Tagen,
Wie Wohlgeruch in einem Kleide hängt,
Den es nicht kennt, nicht rechnet, nur empfängt,
Um immer ihn zu tragen.

CARL ZUCKMAYER
(1896–1977)

Vergängliche Liebe

Das kleine Mal in deiner Schenkelbeuge
Ist mir so nah vertraut,
Als wär' ich deines Lebens erster Zeuge
Und hätt' als nacktes Kindlein dich erschaut.
Noch fühl' ich traumbeschneit in seligen Händen
Das Schauern deiner Haut –
Und weiß: eh sich die Wintersterne wenden,
Ist es wie Schnee zertaut.

Pocht Herz an Herz, und stammelt Mund bei Munde
Den Schwur der Ewigkeit –
Tropft schon das Blut aus jener süßen Wunde
Der zubemeßnen Zeit.
So leer den Becher bis zum bittren Grunde
Und mach dem Schmerz dich wie der Lust bereit –
Noch in dem Sturz der letzten Liebesstunde
Sei du, Vergängnis, hochgebenedeit.

KURT SCHWITTERS
(1887–1948)

An Anna Blume

Oh Du, Geliebte meiner 27 Sinne, ich liebe Dir!
Du, Deiner, Dich Dir, ich Dir, Du mir, – – – – wir?
Das gehört beiläufig nicht hierher!

Wer bist Du, ungezähltes Frauenzimmer, Du bist, bist Du?
Die Leute sagen, Du wärest.
Laß sie sagen, sie wissen nicht, wie der Kirchturm steht.

Du trägst den Hut auf Deinen Füßen und wanderst auf die
Hände,
Auf den Händen wanderst Du.

Halloh, Deine roten Kleider, in weiße Falten zersägt,
Rot liebe ich Anna Blume, rot liebe ich Dir.
Du, Deiner, Dich Dir, ich Dir, Du mir, – – – – – wir?
Das gehört beiläufig in die kalte Glut!
Anna Blume, rote Anna Blume, wie sagen die Leute?

Preisfrage:

1.) Anna Blume hat ein Vogel,
2.) Anna Blume ist rot.
3.) Welche Farbe hat der Vogel.

Blau ist die Farbe Deines gelben Haares,
Rot ist das Girren Deines grünen Vogels.
Du schlichtes Mädchen im Alltagskleid,
Du liebes grünes Tier, ich liebe Dir!
Du Deiner Dich Dir, ich Dir, Du mir, – – – – wir!
Das gehört beiläufig in die – – – Glutenkiste.
Anna Blume, Anna, A – – – – N – – – – N – – – – A!
Ich träufle Deinen Namen.
Dein Name tropft wie weiches Rindertalg.
Weißt Du es Anna, weißt Du es schon,
Man kann Dich auch von hinten lesen.
Und Du, Du Herrlichste von allen,
Du bist von hinten, wie von vorne:
A – – – – – – N – – – – – – N – – – – – – A.
Rindertalg träufelt STREICHELN über meinen Rücken.
Anna Blume, du tropfes Tier, ich liebe Dir!

BERTOLT BRECHT
(1898–1956)

Die Liebenden

Sieh jene Kraniche in großem Bogen!
Die Wolken, welche ihnen beigegeben
Zogen mit ihnen schon, als sie entflogen
Aus einem Leben in ein andres Leben.
In gleicher Höhe und mit gleicher Eile
Scheinen sie alle beide nur daneben.
Daß so der Kranich mit der Wolke teile
Den schönen Himmel, den sie kurz befliegen
Daß also keines länger hier verweile
Und keines andres sehe als das Wiegen
Des andern in dem Wind, den beide spüren
Die jetzt im Fluge beieinander liegen
So mag der Wind sie in das Nichts entführen
Wenn sie nur nicht vergehen und sich bleiben
So lange kann sie beide nichts berühren
So lange kann man sie von jedem Ort vertreiben
Wo Regen drohen oder Schüsse schallen.
So unter Sonn und Monds wenig verschiedenen Scheiben
Fliegen sie hin, einander ganz verfallen.
Wohin, ihr? – Nirgend hin. – Von wem davon? – Von allen.
Ihr fragt, wie lange sind sie schon beisammen?
Seit kurzem. – Und wann werden sie sich trennen? – Bald.
So scheint die Liebe Liebenden ein Halt.

Liebeslieder

I

Als ich nachher von dir ging
An dem großen Heute
Sah ich, als ich sehn anfing
Lauter lustige Leute.

Und seit jener Abendstund
Weißt schon, die ich meine
Hab ich einen schönern Mund
Und geschicktere Beine.

Grüner ist, seit ich so fühl
Baum und Strauch und Wiese
Und das Wasser schöner kühl
Wenn ich's auf mich gieße.

II

Lied einer Liebenden

Wenn du mich lustig machst
Dann denk ich manchmal:
Jetzt könnt ich sterben
Dann blieb ich glücklich
Bis an mein End.

Wenn du dann alt bist
Und du an mich denkst
Seh ich wie heut aus
Und hast ein Liebchen
Das ist noch jung.

III
Sieben Rosen hat der Strauch
Sechs gehörn dem Wind
Aber eine bleibt, daß auch
Ich noch eine find.

Sieben Male ruf ich dich
Sechsmal bleibe fort
Doch beim siebten Mal, versprich
Komme auf ein Wort.

IV
Die Liebste gab mir einen Zweig
Mit gelbem Laub daran.

Das Jahr, es geht zu Ende
Die Liebe fängt erst an.

Liebesunterricht

Aber, Mädchen, ich empfehle
Etwas Lockung im Gekreisch:
Fleischlich lieb ich mir die Seele
Und beseelt lieb ich das Fleisch.

Keuschheit kann nicht Wollust mindern
Hungrig wär ich gerne satt.
Mag's wenn Tugend einen Hintern
Und ein Hintern Tugend hat.

Seit der Gott den Schwan geritten
Wurd es manchem Mädchen bang
Hat sie es auch gern gelitten:
Er bestand auf Schwanensang.

Der Liebende nicht geladen

Gläser heut ungespült
Linnen heut glatt
Lächeln heut ungefühlt
Lippe heut satt.

Von den Schuhen: die großen
Auf dem Stuhl: ein Buch.
Wollene Hosen.
Man erwartet keinen Besuch.

Schwächen

Du hattest keine
Ich hatte eine:
Ich liebte.

MARIE LUISE KASCHNITZ
(1901–1974)

Du sollst nicht

Du sollst mir nicht zusehen wenn
Meine Fratzen den Spiegel zerschneiden
Wenn ich mich umdrehe nachts
Fensterwärts wandwärts
Und die Leintücher seufzen.

Du sollst nicht sehen wie ich mich vorwärtstaste
Blind an der Kette meiner Niederlagen
(Auch an diese kann man sich halten)
Noch anwesend sein
Wenn ich meine pathetischen Verse lese.

Einmal bedurfte es nur eines Wortes von dir
Und die Laufschritte in meinem Rücken fielen ab.
Nur deine Hand mir unter die Wange geschoben
Und ich schlief.

Wirtshausnacht

Weißherbst
Auf der Zunge
Weißherbst
Verschüttet
Mondblinke Lache
Darin
Mein Fingerglied
Abgelöst treibt
Hin her
In der einsamen Wirtshausnacht.

Ad infinitum

Alle die fortgehen
Durch die Glastür aufs Rollfeld
Durch die Bahnhofssperre
Die sich umdrehen winken
Deren Blicke zu Boden sinken
Deren Gestalten
Langsam undeutlich werden
Alle sind du.
Du stehst bei mir
Wendest dich ab gehst fort
Wirst kleiner und kleiner
Seit wann
Seit dein Tod mir am Hals hing
Mir die Kehle zudrückte
Stehst du immer wieder bei mir
Wendest dich ab gehst fort
Den Bahnsteig entlang
Rollfeldüber
Wirst kleiner und kleiner
Stehst da
Wendest dich ab
Gehst –

PETER HUCHEL
(1903–1981)

Von Nacht übergraut

Von Nacht übergraut
von Frühe betaut
so zogest du fort.

Du winkst und es wehn
die dämmernden Seen
im Traum noch dein Wort.

Im Sande verrollt
die Woge aus Gold.

Und winkt es auch her:
Du bist es nicht mehr.

GÜNTER EICH
(1907–1972)

Dezembermorgen

Rauch, quellend über die Dächer,
vom Gegenlichte gesäumt.
Ich hab in die Eisblumenfächer
deinen Namen geträumt.

Diesen Dezembermorgen
weiß ich schon einmal gelebt,
offenbar und verborgen,
wie ein Wort auf der Zunge schwebt.

Wachsen mir in die Fenster
Farne, golden von Licht,
zeigt sich im Schnee beglänzter
Name und Angesicht.

Muß ich dich jetzt nicht rufen,
weil ich dich nahe gespürt?
Über die Treppenstufen
hat sich kein Schritt gerührt.

Tango

Plötzlich bist du voll Gesicht und Namen.
Landschaft war und ungewiß der Mund,
große Flächen Haut, und ohne Rahmen
spannten aus sich Stirn und Wiesengrund.

Neig dich übers Glas, es wird nicht bleiben
dieses frühre Bild, der Mund, der war,
es verwischt sich, in der Dämmrung treiben
Wolken über dem vereinten Haar.

Deine Füße stehn im Rot des Mohnes.
Und erinnre dich an Bucht und Meer,
an das Singen eines Grammophones
und den Mond, der herbstlich war und schwer.

Du bist da. Aus blauem Grunde,
welcher Himmel ist und unerklärlich weit,
wächst dein Atem und das runde
Auge, Zwielicht, Heiterkeit.

ROSE AUSLÄNDER
(1901 – 1988)

Das Schönste

Ich flüchte
in dein Zauberzelt
Liebe

Im atmenden Wald
wo Grasspitzen
sich verneigen

weil
es nichts Schöneres gibt

HILDE DOMIN
(geb. 1912)

Magere Kost

Ich lege mich hin,
ich esse nicht und ich schlafe nicht,
ich gebe meinen Blumen kein Wasser.
Es lohnt nicht den Finger zu heben.
Ich erwarte nichts.

Deine Stimme die mich umarmt hat,
es ist viele Tage her,
ich habe jeden Tag
ein kleines Stück von ihr gegessen,
ich habe viele Tage
von ihr gelebt.
Bescheiden wie die Tiere der Armen
die am Wegrand
die schütteren Halme zupfen
und denen nichts gestreut wird.

So wenig, so viel
wie die Stimme,
die mich in den Arm nimmt,
mußt du mir lassen.
Ich atme nicht
ohne die Stimme.

Änderungen

Neben meinem Kopf
ich lege ein Stück Weißbrot neben meinen Kopf
mit seinen goldenen Rändern
gieße Wein dazu
streue Salz
aus meinem Kissen wächst eine Laube
mein Bettuch wird zum Tischtuch
das Tischtuch
zum Leichentuch

Einhorn

Die Freude
dieses bescheidenste Tier
dies sanfte Einhorn
so leise
man hört es nicht
wenn es kommt, wenn es geht
mein Haustier
Freude

wenn es Durst hat
leckt es die Tränen
von den Träumen.

KARL KROLOW
(geb. 1915)

Gewicht der Welt

Das Gewicht der Welt: ein Liebespaar,
das sich umarmt, widerlegt es.
Und wie es noch eben zusammen war,
verändert und bewegt es.

Ein blühender Baum, eine tastende Hand.
Komm wieder oder bleibe.
Der wandernde Schatten an der Wand
und das wehende Kleid am Leibe.

Das gebrochene Licht, ein Fenster, das sich
weit öffnet im dunklen Zimmer.
Und Liebesworte, geflüstert, daß ich
sie mir bewahre für immer.

Ich dachte

Ich dachte: wie Pferdehaar dick
und streng riechend,
wo es dir wächst und mir
in die Hände fällt. Ich drehe
Zöpfe unter der Achsel
und wo es noch dichter wird.
Schamhügel heißt meine Landschaft,
in der sich Finger verirren.
Sie finden das Dickicht faltig.
Es bäumt der Landstrich sich rhythmisch,
pulsiert – tiefer Wald,
in dem ich mein Gesicht vergrabe
und ganz ohne Märchen
nichts spüre als dieses Haar.

Das Unbeschreibliche

Die inhaltsreichen Jahre trocknen aus.
Die namenlose Liebe dauert an.
Es bleibt, was man nicht mehr beschreiben kann:
die Anmut, wie sie zwischen Frau und Mann
besteht in einem namenlosen Haus,

in dem die Liebe auf und unter ging,
in Wort und Schweigen, plötzlichem Verlust,
von dem man lange insgeheim gewußt
und was verschlossen war in einer Brust,
bis es so leidenschaftlich Feuer fing,

daß heller Brand ausbrach in jenem Haus,
in dem man lange namenlos gelebt
und nun nach Worten sucht, in denen bebt
das Unbeschreibliche, das sich erhebt: –
es löscht als Glück die letzten Worte aus.

Liebesgedicht

Mit halber Stimme rede ich zu dir:
Wirst du mich hören hinter dem bitteren Kräutergesicht
Des Mondes, der zerfällt?
Unter der himmlischen Schönheit der Luft,
Wenn es Tag wird,
Die Frühe ein rötlicher Fisch ist mit bebender Flosse?

Du bist schön.
Ich sage es den Feldern voll grüner Pastinaken.
Kühl und trocken ist deine Haut. Ich sage es
Zwischen den Häuserwürfeln dieser Stadt, in der ich lebe.

Dein Blick – sanft und sicher wie der eines Vogels.
Ich sage es dem schwingenden Wind.
Dein Nacken – hörst du – ist aus Luft,
Die wie eine Taube durch die Maschen des blauen Laubes
schlüpft.

Du hebst dein Gesicht.
An der Ziegelmauer erscheint es noch einmal als Schatten.
Schön bist du. Du bist schön.
Wasserkühl war mein Schlaf an deiner Seite.
Mit halber Stimme rede ich zu dir.
Und die Nacht zerbricht wie Soda, schwarz und blau.

JOHANNES BOBROWSKI
(1917–1965)

Liebesgedicht

Mond, Ölschwamm, Laterne
Mond – oder ein Feldgewächs,
Mond, vergeh,
Arbuse oder grün beschnörkelter
Kürbis, ich will
selber leuchten, allein,
Freundin ich will
auslöschen über dir,
nur ein Gras hoch
über dir – in einem Baum
über dem Fluß,
wenn es Morgen wird,
feucht, dort lieg ich
und atme noch.

Und ich frag dich,
die neben mir lag,
nach einem Mond
gestern, wann er verging – du
antwortest nicht, an die Wolke
streift der Lichtschein, der tönt
von deiner Stimme.

Gestern –
ich bin vergangen –
heute –
ich hab dich gehört –
und ich atme noch immer.

Einmal haben

Einmal haben
wir beide Hände voll Licht –
die Strophen der Nacht, die bewegten
Wasser treffen den Uferrand
wieder, den rauhen, augenlosen
Schlaf der Tiere im Schilf
nach der Umarmung – dann
stehen wir gegen den Hang
draußen, gegen den weißen
Himmel, der kalt
über den Berg
kommt, die Kaskade Glanz,
und erstarrt ist, Eis,
wie von Sternen herab.

Auf deiner Schläfe
will ich die kleine Zeit
leben, vergeßlich, lautlos
wandern lassen
mein Blut durch dein Herz.

Mit deiner Stimme

bis in die Nacht
redet der Weidenbusch, Lichter
fliegen um ihn.
Hoch, eine Wasserblume
fährt durch die Finsternis.
Mit seinen Tieren
atmet der Fluß.

In den Kalmus
trage ich mein geflochtenes Haus.
Die Schnecke
unhörbar
geht über mein Dach.
Eingezeichnet
in meine Handflächen
finde ich dein Gesicht.

PAUL CELAN
(1920–1970)

Die Jahre von dir zu mir

Wieder wellt sich dein Haar, wenn ich wein. Mit dem Blau
                                          deiner Augen
deckst du den Tisch unsrer Liebe: ein Bett zwischen Sommer
                                       und Herbst.
Wir trinken, was einer gebraut, der nicht ich war, noch du,
                                    noch ein dritter:
wir schlürfen ein Leeres und Letztes.

Wir sehen uns zu in den Spiegeln der Tiefsee und reichen uns
                                 rascher die Speisen:
die Nacht ist die Nacht, sie beginnt mit dem Morgen,
sie legt mich zu dir.

Vor dein spätes Gesicht,
allein –
gängerisch zwischen
auch mich verwandelnden Nächten,
kam etwas zu stehn,
das schon einmal bei uns war, un-
berührt von Gedanken.

Die Liebe, zwangsjackenschön,
hält auf das Kranichpaar zu.
Wen, da er durchs Nichts fährt,
holt das Veratmete hier
in eine der Welten herüber?

Sink mir weg
aus der Armbeuge,

nimm den Einen
Pulsschlag mit,

verbirg dich darin,
draußen.

ERICH FRIED
(1921–1988)

Was es ist

Es ist Unsinn
sagt die Vernunft
Es ist was es ist
sagt die Liebe

Es ist Unglück
sagt die Berechnung
Es ist nichts als Schmerz
sagt die Angst
Es ist aussichtslos
sagt die Einsicht
Es ist was es ist
sagt die Liebe

Es ist lächerlich
sagt der Stolz
Es ist leichtsinnig
sagt die Vorsicht
Es ist unmöglich
sagt die Erfahrung
Es ist was es ist
sagt die Liebe

Lust

Nähe
und Wärme
und Duft
von offenem Schoß
und von Samen
Kein Tier
das jetzt traurig wäre
das heuchelte
oder
sich schämte

»Eros, Allsieger im Kampf«

Am Fuß des Älterwerdens
Lust größer als Schönheit
Kraft geringer als Lust
Und Eros lächelt

Am Hang des Alterns
Sehnsucht größer als Lust
Lust größer als Angst
Und Eros lächelt

Am Absturz des Alters
Angst größer als Sehnsucht
Müdigkeit größer als Angst
Und Eros schäumt von Gelächter

Aber wieder

Aber
du bist wiedergekommen
Du
bist wieder
gekommen

Du
du bist
du bist wieder
Ich bin wieder
weil du bist

Du bist gekommen
du
wieder
und immer wieder
wieder du

Du
du
du und ich
immer wieder
und wieder

INGEBORG BACHMANN
(1926–1973)

Erklär mir, Liebe

Dein Hut lüftet sich leis, grüßt, schwebt im Wind,
dein unbedeckter Kopf hat's Wolken angetan,
dein Herz hat anderswo zu tun,
dein Mund verleibt sich neue Sprachen ein,
das Zittergras im Land nimmt überhand,
Sternblumen bläst der Sommer an und aus,
von Flocken blind erhebst du dein Gesicht,
du lachst und weinst und gehst an dir zugrund,
was soll dir noch geschehen –

Erklär mir, Liebe!

Der Pfau, in feierlichem Staunen, schlägt sein Rad,
die Taube stellt den Federkragen hoch,
vom Gurren überfüllt, dehnt sich die Luft,
der Entrich schreit, vom wilden Honig nimmt
das ganze Land, auch im gesetzten Park
hat jedes Beet ein goldner Staub umsäumt.

Der Fisch errötet, überholt den Schwarm
und stürzt durch Grotten ins Korallenbett.
Zur Silbersandmusik tanzt scheu der Skorpion.
Der Käfer riecht die Herrlichste von weit;
hätt ich nur seinen Sinn, ich fühlte auch,
daß Flügel unter ihrem Panzer schimmern,
und nähm den Weg zum fernen Erdbeerstrauch!

Erklär mir, Liebe!

Wasser weiß zu reden,
die Welle nimmt die Welle an der Hand,
im Weinberg schwillt die Traube, springt und fällt.
So arglos tritt die Schnecke aus dem Haus!

Ein Stein weiß einen andern zu erweichen!

Erklär mir, Liebe, was ich nicht erklären kann:
sollt ich die kurze schauerliche Zeit
nur mit Gedanken Umgang haben und allein
nichts Liebes kennen und nichts Liebes tun?
Muß einer denken? Wird er nicht vermißt?

Du sagst: es zählt ein andrer Geist auf ihn ...
Erklär mir nichts. Ich seh den Salamander
Durch jedes Feuer gehen.
Kein Schauer jagt ihn, und es schmerzt ihn nichts.

Schatten Rosen Schatten

Unter einem fremden Himmel
Schatten Rosen
Schatten
auf einer fremden Erde
zwischen Rosen und Schatten
in einem fremden Wasser
mein Schatten

Mein Vogel

Was auch geschieht: die verheerte Welt
sinkt in die Dämmrung zurück,
einen Schlaftrunk halten ihr die Wälder bereit,
und vom Turm, den der Wächter verließ,
blicken ruhig und stet die Augen der Eule herab.

Was auch geschieht: du weißt deine Zeit,
mein Vogel, nimmst deinen Schleier
und fliegst durch den Nebel zu mir.

Wir äugen im Dunstkreis, den das Gelichter bewohnt.
Du folgst meinem Wink, stößt hinaus
und wirbelst Gefieder und Fell –

Mein eisgrauer Schultergenoß, meine Waffe,
mit jener Feder besteckt, meiner einzigen Waffe!
Mein einziger Schmuck: Schleier und Feder von dir.

Wenn auch im Nadeltanz unterm Baum
die Haut mir brennt
und der hüfthohe Strauch
mich mit würzigen Blättern versucht,
wenn meine Locke züngelt,
sich wiegt und nach Feuchte verzehrt,
stürzt mir der Sterne Schutt
doch genau auf das Haar.

Wenn ich vom Rauch behelmt
wieder weiß, was geschieht,
mein Vogel, mein Beistand des Nachts,
wenn ich befeuert bin in der Nacht,
knistert's im dunklen Bestand,
und ich schlage den Funken aus mir.

Wenn ich befeuert bleib wie ich bin
und vom Feuer geliebt,
bis das Harz aus den Stämmen tritt,
auf die Wunden träufelt und warm
die Erde verspinnt,
(und wenn du mein Herz auch ausraubst des Nachts,
mein Vogel auf Glauben und mein Vogel auf Treu!)
rückt jene Warte ins Licht,
die du, besänftigt,
in herrlicher Ruhe erfliegst –
was auch geschieht.

Reigen

Reigen – die Liebe hält manchmal
im Löschen der Augen ein,
und wir sehen in ihre eignen
erloschenen Augen hinein.

Kalter Rauch aus dem Krater
haucht unsre Wimpern an;
es hielt die schreckliche Leere
nur einmal den Atem an.

Wir haben die toten Augen
gesehn und vergessen nie.
Die Liebe währt am längsten
und sie erkennt uns nie.

ERICH KÄSTNER
(1899–1974)

Sachliche Romanze

Als sie einander acht Jahre kannten
(und man darf sagen: sie kannten sich gut),
kam ihre Liebe plötzlich abhanden.
Wie andern Leuten ein Stock oder Hut.

Sie waren traurig, betrugen sich heiter,
versuchten Küsse, als ob nichts sei,
und sahen sich an und wußten nicht weiter.
Da weinte sie schließlich. Und er stand dabei.

Vom Fenster aus konnte man Schiffen winken.
Er sagte, es wäre schon Viertel nach Vier
und Zeit, irgendwo Kaffee zu trinken.
Nebenan übte ein Mensch Klavier.

Sie gingen ins kleinste Café am Ort
und rührten in ihren Tassen.
Am Abend saßen sie immer noch dort.
Sie saßen allein, und sie sprachen kein Wort
und konnten es einfach nicht fassen.

GÜNTER KUNERT
(geb. 1929)

Kleines Gedicht

Nun strafft sich alles wieder,
was schlaff gewesen ist:
gewiß das Glied der Glieder
für eine kurze Frist.

O kurze Frist der Liebe,
da man sich selbst vergißt
und nur mit seinem Triebe
die Zeitlichkeit durchmißt.

Widmung für M.

Mehr als Gedichte wiegt, wie wir zusammen leben,
vereint in einem Dasein Tag und Nacht:
so brennt ein Licht, von Schatten rings umgeben,
die es doch heller durch sein Leuchten macht.

Wohl sind wir Tiere, die sich selbst dressieren,
kurzfristiger Bestand aus Fleisch und Bein,
und doch: das eine Leben, das wir beide führen,
für tausend reichte es zum Glücklichsein.

SARAH KIRSCH
(geb. 1935)

Ich bin sehr sanft nenn
mich Kamille
meine Finger sind zärtlich baun
Kirchen in deiner Hand meine Nägel
Flügelschuppen von Engeln liebkosen ich bin
der Sommer der Herbst selbst der Winter im Frühling

möchte ich bei dir sein du
zeigst mir das Land wir gehn
von See zu See da braucht es
ein langes glückliches Leben
die Fische sind zwei
die Vögel baun Nester wir
stehn auf demselben Blatt

Ich wollte meinen König töten

Ich wollte meinen König töten
Und wieder frei sein. Das Armband
Das er mir gab, den einen schönen Namen
Legte ich ab und warf die Worte
Weg die ich gemacht hatte: Vergleiche
Für seine Augen die Stimme die Zunge
Ich baute leergetrunkene Flaschen auf
Füllte Explosives ein – das sollte ihn
Für immer verjagen. Damit
Die Rebellion vollständig würde
Verschloß ich die Tür, ging
Unter Menschen, verbrüderte mich
In verschiedenen Häusern – doch
Die Freiheit wollte nicht groß werden
Das Ding Seele dies bourgeoise Stück
Verharrte nicht nur, wurde milder
Tanzte wenn ich den Kopf
An gegen Mauern rannte. Ich ging
Den Gerüchten nach im Land die
Gegen ihn sprachen, sammelte
Drei Bände Verfehlungen eine Mappe
Ungerechtigkeiten, selbst Lügen
Führte ich auf. Ganz zuletzt
Wollte ich ihn einfach verraten
Ich suchte ihn, den Plan zu vollenden
Küßte den andern, daß meinem
König nichts widerführe

Die Luft riecht schon nach Schnee

Die Luft riecht schon nach Schnee, mein Geliebter
Trägt langes Haar, ach der Winter, der Winter, der uns
Eng zusammenwirft steht vor der Tür, kommt
Mit dem Windhundgespann: Eisblumen
Streut er uns ans Fenster, die Kohlen glühen im Herd, und
Du Schönster Schneeweißer legst mir deinen Kopf in den
Schoß
Ich sage das ist
Der Schlitten der nicht mehr hält, Schnee fällt uns
Mitten ins Herz, er glüht
Auf den Aschekübeln im Hof Darling flüstert die Amsel

HEINZ PIONTEK
(geb. 1925)

Von Mund zu Mund

Wir haben uns an einen Tisch gesetzt.
Nun hängen wir wie Rock und Futter zusammen.
Eingenäht ist unser Erbteil Zeit.

Du bist einverstanden damit,
daß es für eines Mannes Gedanken keine Riegel gibt.
Mir gehören deine Brauen und Zähne,
die feine Beugung des Arms wie Besitztümer,
die sich der Wind zu eigen gemacht hat.
Doch ich vertraue
deiner rechten und linken Hand.

Unser Reden ist ohne Stachel
und unser Schweigen schön.
Nacht um Nacht ruhen wir aneinander aus.

Daß keine Treue ist ohne Treulosigkeit
und Liebe die Schildwacht versäumt –
es wird uns nicht mehr bestürzen,
wenn Grabscheite zwischen dir und mir
den Graben ziehen.
Denn der Tote wird seine Wahrheit blindlings
auf den Überlebenden wälzen:
stumme, zerreißende Kälte.

ULLA HAHN
(geb. 1946)

Anständiges Sonett

Komm beiß dich fest ich halte nichts
vom Nippen. Dreimal am Anfang küß
mich wo's gut tut, Miß
mich von Mund zu Mund. Mal angesichts

der Augen mir Ringe um
und laß mich springen unter
der Hand in deine. Zeig mir wie's drunter
geht und drüber. Ich schreie ich bin stumm.

Bleib bei mir. Warte. Ich komm wieder
zu mir zu dir dann auch
»ganz wie ein Kehrreim schöner alter Lieder«.

Verreib die Sonnenkringel auf dem Bauch
mir ein und allemal. Die Lider
halt mir offen. Die Lippen auch.

QUELLENVERZEICHNIS

ANONYM: Dû bist mîn.
Aus: Deutsche Lyrik des Mittelalters. Ausgewählt und übersetzt von Max Wehrli. Manesse Verlag, Zürich 1955, S. 14.

ROSE AUSLÄNDER: Das Schönste.
Aus: Doppelspiel. Gedichte. In: Lyrikspektrum 7. S. Fischer Verlag, Frankfurt am Main 1984, S. 71.
© S. Fischer Verlag, Frankfurt am Main 1984.

INGEBORG BACHMANN: Erklär mir, Liebe; Schatten Rosen Schatten; Mein Vogel; Reigen.
Aus: Werke. Hrsg. von Christine Koschel, Inge von Weidenbaum und Clemens Münster. Piper Verlag GmbH, München 197, Bd. I, S. 109–110, S. 158–159, S. 133, S. 96, S. 35.
© Piper Verlag GmbH, München 1978.

GOTTFRIED BENN: Mann und Frau gehn durch die Krebsbaracke; Dir auch –:.
Aus: Sämtliche Werke. Stuttgarter Ausgabe. In Verbindung mit Ilse Benn hrsg. von Gerhard Schuster. Klett-Cotta Verlag, Stuttgart 1998, Bd. I, Gedichte 1. S. 23–24, S. 38.
© Klett-Cotta Verlag, Stuttgart 1998.

JOHANNES BOBROWSKI: Liebesgedicht; Einmal haben; Mit deiner Stimme.
Aus: Gesammelte Werke in sechs Bänden. Hrsg. von Eberhard Haufe. Deutsche Verlagsanstalt GmbH, Stuttgart 1998, Bd. I, S. 28, S. 160, S. 79.
© Deutsche Verlagsanstalt GmbH, Stuttgart 1998.

BERTOLT BRECHT: Die Liebenden; Liebeslieder; Liebesunterricht; Der Liebende nicht geladen, Schwächen.
Aus: Gesammelte Werke in zwanzig Bänden. Hrsg. vom Suhrkamp Verlag in Zusammenarbeit mit Elisabeth Hauptmann. Suhrkamp Verlag, Frankfurt am Main 1967, Bd. XIV, S. 213, S. 84, S. 126–127, Bd. II, S. 433.
© Suhrkamp Verlag, Frankfurt am Main 1967.

CLEMENS BRENTANO: Der Spinnerin Nachtlied; Wo schlägt ein Herz, das bleibend fühlt?; Ich weiß wohl, was dich bannt in mir!; Zu Bacharach am Rheine; Ich wollt ein Sträußlein binden.
Aus: Werke. Hrsg. von Wolfgang Frühwald, Bernhard Gajek und

Friedhelm Kemp. Carl Hanser Verlag, München 1968, Bd. I, S. 131, S. 271, S. 25, S. 392–396, S. 345 f.

GOTTFRIED AUGUST BÜRGER: Gabriele.
Aus: Werke. Hrsg. von August Wilhelm Bohtz. Göttingen 1835, S. 104 f.

WILHELM BUSCH: Die Liebe war nicht geringe.
Aus: Werke. Historisch-kritische Gesamtausgabe. Hrsg. von Friedrich Bohne. Vollmer Verlag, Wiesbaden 1874, Bd. II, S. 47.

PAUL CELAN: Die Jahre von dir zu mir; Vor dein spätes Gesicht; Die Liebe, zwangsjackenschön; Sink mir weg.
Aus: Gesammelte Werke in fünf Bänden. Hrsg. von Beda Allermann und Stefan Reichert unter Mitwirkung von Rudolf Bücher. Suhrkamp Verlag, Frankfurt am Main 1983, Bd. II; S. 47, S. 16, S. 109, S. 91.
© Suhrkamp Verlag, Frankfurt am Main 1983.

ADELBERT VON CHAMISSO: Frauen-Liebe und -Leben; Lebe wohl; Küssen will ich, ich will küssen.
Aus: Sämtliche Werke in zwei Bänden. Hrsg. von Werner Feudel und Christel Laufer. Insel Verlag, Leipzig 1981, Bd. II, S. 209 f., S. 241 ff.

MATTHIAS CLAUDIUS: Die Liebe; Der Tod und das Mädchen.
Aus: Sämtliche Werke. Hrsg. von Jost Perfahl. Artemis & Winkler. Düsseldorf 1996, S. 147, S. 74–75.

SIMON DACH: Ännchen von Tharau; Multa meum gaudia pectus agunt; Mai-Liedchen.
Aus: Gedichte. Hrsg. von W. Ziesemer. Halle 1937, S. 101–102, S. 56, S. 142.

HILDE DOMIN: Magere Kost; Änderungen; Einhorn.
Aus: Rückkehr der Schiffe. S. Fischer Verlag, Frankfurt am Main 1987, S. 26, S. 112, S. 71.
© S. Fischer Verlag, Frankfurt am Main 1987.

ANNETTE VON DROSTE-HÜLSHOFF: Im Grase; An Levin Schücking.
Aus: Historisch-kritische Ausgabe. Werke. Hrsg. von Winfried Woesler. Niemeyer, Tübingen 1985, Bd. II, S. 69–70, S. 102.

GÜNTER EICH: Dezembermorgen; Tango.
Aus: Gesammelte Werke in vier Bänden. Hrsg. von Susanne Müller-Janpft, Horst Ohde, Heinz F. Schafroth und Heinz Schwitzke.

Suhrkamp Verlag, Frankfurt am Main 1973, Bd. I, S. 49, S. 33.
© Suhrkamp Verlag, Frankfurt am Main 1973.

JOSEPH VON EICHENDORFF: Mondnacht; Das zerbrochene
Ringlein; Gruß; Sehnsucht.
Aus: Werke. Hrsg. von Wolfdietrich Rasch. Hanser Verlag, München 1966, Bd. II, S. 141, S. 36, S. 432, S. 130.

DIETMAR VON EIST: Slâfst du, friedel ziere?.
Aus: Deutsche Lyrik des Mittelalters. Ausgewählt, übersetzt und mit
einem Nachwort von Max Wehrli. Manesse Verlag, Zürich 2001, S. 87.
© Manesse Verlag, Zürich 2001.

WOLFRAM VON ESCHENBACH: Ursprinc bluomen, loup ûz
dringen.
Aus: Deutsche Lyrik des Mittelalters. Ausgewählt, übersetzt und
mit einem Nachwort von Max Wehrli. Manesse Verlag, Zürich 2001,
S. 36–37.
© Manesse Verlag, Zürich 2001.

PAUL FLEMING: Als Er Sie schlafend funde; An die Nacht, als er
bei ihr wachete; Wie er wolle geküsset sein.
Aus: Paul Flemings Deutsche Gedichte, Bd. I, 2. Hrsg. von J. M.
Lappenberg. Stuttgart 1865, Bibliothek des Literarischen Vereins in
Stuttgart, Nr. 171, S. 35–36, S. 21, S. 82–83.

THEODOR FONTANE: Im Garten.
Aus: Sämtliche Werke. Hrsg. von Walter Keitel. Hanser Verlag,
München 1964, Bd. VI, S. 119.

ERICH FRIED: Was es ist; Lust; »Eros, Allsieger im Kampf«;
Aber wieder.
Aus: Es ist was es ist (1996) S. 7f., Lebensschatten (2001) S. 23, Um
Klarheit (1985) S. 50, Liebesgedichte (1979) S. 49.
© Verlag Klaus Wagenbach, Berlin.

STEFAN GEORGE: Ich darf so lange nicht am tore lehnen; Wenn
ich heut nicht deinen leib berühre.
Aus: Sämtliche Werke in achtzehn Bänden, Hrsg. von der Stefan-
George-Stiftung. Klett-Cotta Verlag, Stuttgar 1991, Bd. II, S. 69, S:
137.

JOHANN WOLFGANG VON GOETHE: Willkommen und
Abschied; Der Abschied; Gefunden; Mailied; Mignon; Der König
in Thule; An den Mond; Selige Sehnsucht.

Aus: Goethes Werke. Hamburger Ausgabe. Textkritisch durgesehen und mit Anmerkungen versehen von Erich Trunz. Beck Verlag, München 1994 / 1996, Bd. I, S. 86 f., S. 56, S. 119 f., S. 59, S. 75, Bd. II, S. 80, S. 68, S. 156.

ANDREAS GRYPHIUS: An Eugenien.
Aus: Lyrische Gedichte. Hrsg. von H. Palm, Tübingen 1884 = Bibliothek des Literarischen Vereins in Stuttgart Nr. 171, S. 72.

CAROLINE VON GÜNDERODE: Liebe; Hochrot.
Aus: Gedichte der Romantik. Hrsg. von Wolfgang Frühwald. Reclam Verlag, Stuttgart 1984 S. 240, S. 241.

JOHANN CHRISTIAN GÜNTHER: Das Feld der Lüste.
Aus: Sämtliche Werke. Historisch kritische Gesamtausgabe. Hrsg. von Wilhelm Krämer. Leipzig 1930–1931, S. 241.

FRIEDRICH VON HAGEDORN: Die erste Liebe; Die Küsse.
Aus: Gedichte. Hrsg. von Alfred Anger. Reclam Verlag, Stuttgart 1968, S. 146, S. 95.

ULLA HAHN: Anständiges Sonett.
Aus: Herz über Kopf. Gedichte. Deutsche Verlagsanstalt, Stuttgart 1981, S. 19
© Deutsche Verlagsanstalt, Stuttgart 1981.

FRIEDRICH HEBBEL: Ich und du.
Aus: Gedichte. Eine Auswahl. Mit einem Nachwort von Henry Gerlach. Reclam Verlag, Stuttgart 1977, S. 107.

HEINRICH HEINE: Mein süßes Lieb, wenn du im Grab; Ein Jüngling liebt ein Mädchen; Wenn ich in deine Augen seh; Worte! Worte! Keine Taten!
Aus: Sämtliche Gedichte in einem Band. Hrsg. von Klaus Briegleb. Insel Verlag, Frankfurt 1992 S. 367, S. 372, S. 265, S. 109 f.

HERMANN HESSE: Liebe; Weil ich dich liebe; Bitte; Im Nebel.
Aus: Sämtliche Werke in zwölf Bänden. Suhrkamp Verlag, Frankfurt am Main 2001, Bd. X, S. 246, S. 138, S. 101.
© Suhrkamp Verlag, Frankfurt am Main 2001.

GEORG HEYM: Abends; Deine Wimpern, die langen.
Aus: Dichtungen und Schriften. Drei Bände. Hrsg. von Karl Ludwig Schneider. Ellermann Verlag, Hamburg / München 1964, Bd. I, S. 91 f., S. 46.

FRIEDRICH HÖLDERLIN: Menons Klagen um Diotima; Lebenslauf; Sokrates und Alcibiades.
Aus: Sämtliche Werke und Briefe. Hrsg. von Jochen Schmidt und Friedrich Beißner. Deutscher Klassiker Verlag, Frankfurt am Main 1992, S. 102–106, S. 74, S. 39.

HUGO VON HOFMANNSTHAL: Weltgeheimnis; Dein Antlitz.
Aus: Gesammelte Werke in zehn Einzelbänden, Hrsg. von Herbert Steiner. Fischer Verlag 1979, Bd. I, S. 74, S. 114.

CHRISTIAN HOFMANN VON HOFMANNSWALDAU: Die Wollust; Beschreibung vollkommener Schönheit.
Aus: Gedichte des Barock. Hrsg. von Ulrich Maché und Volker Meid. Reclam Verlag, Stuttgart 1980, S. 207, S. 208 f.

RICARDA HUCH: Was für ein Feuer, o was für ein Feuer; Uralter Worte kundig kommt die Nacht.
Aus: Gesammelte Werke. Hrsg. von Wilhelm Emrich. Kiepenheuer & Witsch Verlag, Köln 1971, Bd. V, S. 69 f. S. 82.
© Alexander Böhm, Rockenburg.

PETER HUCHEL: Von Nacht übergraut.
Aus: Gesammelte Werke in zwei Bänden, Hrsg. von Axel Vieregg. Suhrkamp Verlag, Frankfurt am Main 1984, Bd. II, S. 122.
© Roger Melis.

ERICH KÄSTNER: Sachliche Romanze.
Aus: Lärm im Spiegel. Artrium Verlag, Zürich 1985, S. 9
© Artrium Verlag, Zürich 1985 und Thomas Kästner.

MARIE LUISE KASCHNITZ: Du sollst nicht; Wirtshausnacht; Ad infinitum.
Aus: Gesammelte Werke. Hrsg. von Christian Büttrich und Norbert Miller. Insel Verlag, Frankfurt 1983, Bd. III, S. 67, S. 113, S. 172.
© Claassen Verlag in den Ullstein Buchverlagen, Berlin 1962.

SARAH KIRSCH: Ich bin sehr sanft nenn; Ich wollte meinen König töten; Die Luft riecht schon nach Schnee.
Aus: Werke in fünf Bänden. Hrsg. von Hans-Werner Haack. Deutsche Verlagsanstalt, Stuttgart 1999, Bd. I, S. 219 f., S. 31, S. 145.
© Deutsche Verlagsanstalt, Stuttgart 1999.

FRIEDRICH GOTTLIEB KLOPSTOCK: Das schlafende Mägdchen; Das Rosenband.

Aus: Oden. Ausgewählt und Nachwort von Karl Ludwig Schnei-
der. Reclam Verlag, Stuttgart 1966, S. 45 f., S. 91 f

GERTRUD KOLMAR: Die Verlassene.
Aus: Das lyrische Werk. Kösel Verlag, München 1960, S. 322.

KARL KROLOW: Gewicht der Welt; Ich dachte; Das Unbe-
schreibliche; Liebesgedicht.
Aus: Gedichte. Suhrkamp Verlag, Frankfurt am Main 1992, S. 108,
S. 70 f., S. 61, S. 49.
© Suhrkamp Verlag, Frankfurt am Main 1992.

GÜNTER KUNERT: Kleines Gedicht; Widmung für M.
Aus: Warnung vor Spiegeln. Gedichte. Hanser Verlag, München
1970, S. 89, S. 63.
© Hanser Verlag, München 1970.

ELSE LASKER-SCHÜLER: Mein Liebeslied; Abschied; In dei-
nen Augen.
Aus: Sämtliche Gedichte. Hrsg. von Friedrich Kemp. Kösel Verlag,
München 1996, S. 103, S. 48 f., S. 72.
© Suhrkamp Verlag, Frankfurt am Main.

NIKOLAUS LENAU: Schilflieder.
Aus: Sämtliche Gedichte in einem Band. Auswahl und Nachwort
von Egbert Hoehl. Hoffmann und Campe, Hamburg 1966, S. 38 f.

JAKOB MICHAEL REINHOLD LENZ: Fühl alle Lust fühl alle
Pein; Urania; Aus ihren Augen lacht die Freude.
Aus: Werke und Briefe in drei Bänden. Hrsg. von Sigrid Damm. In-
sel Verlag, Frankfurt am Main 1992, Bd I, S. 117, S. 26 f., S. 69.

GOTTHOLD EPHRAIM LESSING: Die schlafende Laura; Die
Liebe.
Aus: Gesammelte Werke. Zwei Bände. Hrsg. von Wolfgang Stamm-
ler. Hanser Verlag, München 1995, Bd. I, S. 52 f., S. 64.

DETLEV VON LILIENCRON: Einen Sommer lang; Der Hand-
kuß; Glückes genug; Früh am Tage.
Aus: Gesammelte Werke. Hrsg. von Richard Dehmel. Schuster und
Löffler Berlin 101921, S. 372 f., S. 264, S. 268.

OSKAR LOERKE: Nachtmusik.
Aus: Gedichte und Prosa. Hrsg. von Peter Suhrkamp. Suhrkamp
Verlag, Frankfurt am Main 1958, S. 43.
© Suhrkamp Verlag, Frankfurt am Main 1958.

FRIEDRICH VON LOGAU: Wie willst du weiße Lilien.
Aus: Sämtliche Sinngedichte. Tübingen 1872, S. 81.

CONRAD FERDINAND MEYER: Stapfen.
Aus: Sämtliche Werke. Historisch-kritische Ausgabe. Hrsg. von
Hans Zeller und Alfred Zäch. Bentelli Verlag, Bern 1963, Bd. II,
S. 382.

EDUARD MÖRIKE: Peregrina; Nimmersatte Liebe.
Aus: Sämtliche Werke in zwei Bänden. Auf Grund der Original-
drucke hrsg. von Herbert G. Göpfert und Georg Britting. Hanser
Verlag, München ³1963, S. 609–610, S. 714.

CHRISTIAN MORGENSTERN: Schauder; Du bist mein Land;
Liebeslied; Es ist Nacht.
Aus: Gesammelte Werke in einem Band. Hrsg. von Martha Morgen-
stern. Piper Verlag, München 1965, S. 111, S. 161.
© Piper Verlag, München 1965.

MARTIN OPITZ: Liedt
Aus: Komm, trost der Nacht, o Nachtigall. Deutsche Gedichte aus
dem 17. Jahrhundert. Hrsg. von Horst Hartmann. Philipp Reclam
Verlag, Leipzig 1977, S. 210 f.

HEINZ PIONTEK: Von Mund zu Mund.
Aus: Gesammelte Gedichte. Hoffmann und Campe, Hamburg
1975, S. 92.
© Hoffmann und Campe, Hamburg 1975.

AUGUST VON PLATEN: Tristan und Isolde; Sonett.
Aus: Sämtliche Werke. Historisch-kritische Ausgabe mit Einschluß
des handschriftlichen Nachlasses. Hrsg. von Max Koch und Erich
Petzet. Hesse & Becker, Leipzig 1910, Bd. III, S. 31.

RAINER MARIA RILKE: Die Liebende; Liebes-Lied; Östliches
Taglied; »An Lou Andreas-Salomé«; Wir, in den ringenden Näch-
ten; »Lied«.
Aus: Sämtliche Werke. Hrsg. vom Rilke-Archiv. In Verbindung mit
Ruth Sieber Rilke besorgt durch Ernst Zinn. Insel Verlag, Frankfurt
am Main 1975, Bd. I S. 329, S. 161, S. 49 f., S. 294, S. 361.

JOACHIM RINGELNATZ: Ich habe dich so lieb; Ferngruß von
Bett zu Bett.
Aus: Das Gesamtwerk in sieben Bänden. Diogenes Verlag, Zürich
1994, Bd. III, S. 89, S. 84
© Diogenes Verlag, Zürich 1994.

FRIEDRICH RÜCKERT: Ich liebe dich, weil ich dich lieben muß.
Aus: Gedichte. Ausgewählt von Johannes Peiffer. Reclam Verlag, Stuttgart 1963 S. 80 f.

NELLY SACHS: Ich bin meinem Heimatrecht auf der Spur; Linie wie; Abgewandt.
Aus: Gedichte. Hrsg. und mit einem Nachwort versehen von Hilde Domin. Suhrkamp Verlag, Frankfurt am Main 1960, S. 59, S. 61, S. 42.
© Suhrkamp Verlag, Frankfurt am Main 1960.

FRIEDRICH VON SCHILLER: Sehnsucht
Aus: Sämtliche Werke. Hg. von Gerhard Fricke und Herbert G. Göpfert. Hanser Verlag, München 1958. Bd III, S. 301.

FRIEDRICH VON SCHLEGEL: Erscheinung.
Aus: Das unendliche Sehnen. Potsdam o. J., S. 38.

JOHANN ELIAS SCHLEGEL: Liebe im Herzen; An Doris.
Aus: Lyrische Signaturen. Hrsg. von Walter Urbanek. Buchners Verlag, Bamberg 1981. S. 31 f., S. 40.

KURT SCHWITTERS: An Anna Blume.
Aus: Das gesamte literarische Werk. Hrsg. von Friedhelm Lach. Du-Mont Verlag, Köln 1973, Bd. III, S. 198–201.
© DuMont Verlag, Köln 1973.

ANGELUS SILESIUS: Je liebender, je seliger.
Aus: Cherubinischer Wandersmann. Leipzig 1939, S. 99

ERNST STADLER: In diesen Nächten.
Aus: Dichtungen. Zwei Bände. Hrsg. von Karl Ludwig Schneider. Ellermann Verlag, Hamburg 1954, Bd. I, Bd. I, S. 98.

THEODOR STORM: Wer je gelebt in Liebesarmen; Dämmerstunde; Über die Heide; Im Garten; Die Nachtigall.
Aus: Gesammelte Werke in sechs Bänden. Mit einem Essay von Thomas Mann. Hrsg. von Gottfried Honnefelder. Insel Verlag, Frankfurt am Main 1982. Bd. I, S. 196 f., S. 41, S. 91, S. 119, S. 74.

AUGUST STRAMM: Trieb.
Aus: Das Werk. Hrsg. von René Radrizziani. Limes Verlag, Wiesbaden 1963, S. 61.

LUDWIG TIECK: Liebe.
Aus: Gedichte. Dresden 1821, Bd. II, S. 212.

GEORG TRAKL: Der Herbst des Einsamen; Traumwandler.
Aus: Dichtungen und Briefe. Historisch-kritische Ausgabe. Hrsg.
von Walther Killy und Hans Szklenar. Müller Verlag, Salzburg 1969,
Bd. I, S. 132, S. 119.

KURT TUCHOLSKY: Sehnsucht nach der Sehnsucht.
Aus: Gesammelte Werke. Rowohlt Verlag, Reinbek bei Hamburg
1960, Bd. III, S. 1039.
© Rowohlt Verlag, Reinbek bei Hamburg 1960

LUDWIG UHLAND: Seliger Tod; Die Fahrt zum Geliebten.
Aus: Werke. Hrsg. von Hartmut Fröschle und Walter Scheffler.,
Winkler Verlag, München 1987, Bd. II, S. 214, S. 194.

WALTHER VON DER VOGELWEIDE: Nemt, forwe, diesen
kranz; Under der linden.
Aus: Die Lieder Walther von der Vogelweide. Hrsg. von Friedrich
Maurer. Tübingen 1969, S. 61 f., S. 58 f.

FRANK WEDEKIND: Ilse.
Aus: Gesammelte Werke. Georg Müller Verlag, München 1924, Bd.
IV, S. 209

CARL ZUCKMAYER: Vergängliche Liebe.
Aus: Werkausgabe. Zehn Bände. S. Fischer Verlag, Frankfurt am
Main 1972, Bd. VI, S. 209.
© S. Fischer Verlag, Frankfurt am Main 1972.

ALPHABETISCHES VERZEICHNIS DER GEDICHTÜBERSCHRIFTEN UND -ANFÄNGE

ALPHABETISCHES VERZEICHNIS DER AUTOREN

Die Lieblingsgedichte der Deutschen

Herausgegeben von Lutz Hagestedt. 174 Seiten mit 20 Federzeichnungen von Wolfgang Nickel. Serie Piper

Klassiker wie Goethes »Mailied«, Hölderlins »Hälfte des Lebens«, Eichendorffs »Sehnsucht« oder Rilkes »Herbsttag«, Liebesgedichte wie Erich Frieds »Was es ist« oder Bertolt Brechts »Die Liebenden«, aber auch Humorvolles von Joachim Ringelnatz, Erich Kästner und Kurt Tucholsky – in diesem liebevoll gestalteten Band mit den hundert bekanntesten und beliebtesten deutschen Gedichten werden auch Sie gewiß Ihr persönliches Lieblingsgedicht wiederfinden. Ein schönes Geschenk zum Sich-Erinnern, zum Nachlesen und zum Neu-Entdecken.

»Worte prägen, Gedichte stiften Kontinuität, besonders wenn man sie auswendig kann. Gedichte sprechen von Dauer, die Zeiten ändern sich, die Klassiker bleiben auf ihren Sockeln.«
Lutz Hagestedt im Nachwort

Deutsche Gedichte
Von Walther von der Vogelweide bis Gottfried Benn

Herausgegeben von Hans Joachim Hoof. 634 Seiten. Serie Piper

Gedichte sind Nahrung, Gedichte sind Trost, Gedichte sind quellklare Gedanken, die die Mühen des Alltags vergessen lassen. Einzigartig in ihrer sprachlichen Kraft und im Glanz ihrer poetischen Bilder, haben sie bis heute nichts von ihrer Faszination verloren. Um den großen Schatz zu bewahren, stellt diese umfassende Sammlung deutsche Gedichte von Walther von der Vogelweide, Johann Wolfgang von Goethe, Friedrich Schiller, Wilhelm Hauff, Arno Holz oder Rainer Maria Rilke und Gottfried Benn zusammen. Neben Bekanntem steht Unbekanntes, neben Höhepunkten fast vergessene Kostbarkeiten. Zum Verführen, zum stillen Vergnügen, zum lauten Lesen.

SERIE PIPER